別裝得無懈可擊，卻活得軟弱無力

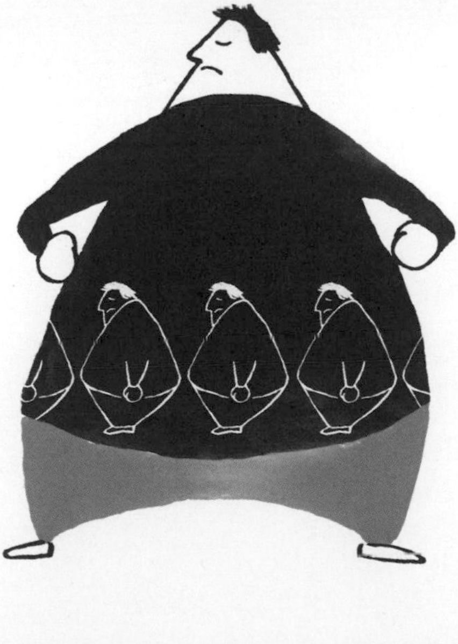

作者…………趙德昊

PART 1

這個世界正在懲罰假裝努力的人

PART 2

你憑什麼弱得心安理得

PART 3

別用嘴上的佛系，掩飾你內心的焦慮

PART 4

成長這件事，請你別介意

PART 5

接受指點，拒絕指指點點

PART 6

感情裡的錐心真相

PART 1

這個世界正在懲罰假裝努力的人

01

這個世界正在懲罰假裝努力的人

努力從來都不應該是一個去表演的主題，它應該是你由心而發的一種習慣。努力的人從來都不表演，更不會去搞笑。後悔不努力的你，也好搞笑。

PART 1
這個世界正在懲罰假裝努力的人

不知從什麼時候開始，努力似乎變成一件很形式主義的事情了。只要手指輕輕一動，拍一張歲月靜好的圖片，配上一句早就過氣的話，就算完成努力了，真的很諷刺。

翻翻自己的ＳＮＳ，是不是每隔一段時間你就會努力一次？

或是在圖書館裡，或是在星巴克裡，你擺著一本書，書旁是一支筆，照片很好看，配的文字也很勵志。

然而努力的不是你，而是你的發文，你只是負責搞笑而已。

但是這些你都不在乎，因為很快你的發文就會得到無數的讚，大家匯聚在你那則努力的動態下面，捂著嘴笑看你的表演，真是精彩啊。

你也很滿意自己的表演，在輕描淡寫地回答了幾句話後，你的努力戛然而止。表演已經結束，所有人都心滿意足，可以安心地玩樂了。

你已經忘了初心，努力從來都不應該是一個去表演的主題，它應該是你發自內心的一種習慣。努力的人從來都不表演，更不會去搞笑。後悔不努力的你，也好搞笑。

在表演過努力後，開心愉快地過著鹹魚一般的生活，忘記了之前的信誓旦旦，也忘了在SNS上那張歲月靜好的圖片，直到下一次在看到某一篇文章後幡然悔悟：我的夢想去了哪裡？

到了這個時候，你的表演就又該開始了，依然歲月靜好，依然勵志，依然搞笑。

就這樣，你重複表演著努力，一直到你需要那份努力的時候，才會真的後悔不努力，就像蔡康永說的那樣：「十五歲覺得游泳難，放棄游泳，到十八歲遇到一個你喜歡的人約你去游泳，你只好說『我不會耶』。十八歲覺得英文難，放棄英文，二十八歲出現一個很棒但要會英文的工作，你只好說『我不會耶』。」

面對需要做的事情，你永遠只會說「我不會耶」，這比你之前的信誓旦旦要搞笑多了，只是你應該不會很享受吧？

那時，你應該是面紅耳赤地站在別人面前，支支吾吾地回答：「這個我不會耶，那個我也不會耶，我什麼都不會耶。」

◆

努力的人從來都不會表現出來。

比起活躍在SNS上負責搞笑的你，有些人每天都在努力著，他們不會有歲月靜好，也不會有信誓旦旦，他們只有對未來的負責，努力只是他們的態度，而不是你的表演。

努力的人，在得到成就之前都是默默無名，「寒窗十年無人問，一朝聞名天下知」就是在說他們，在成名之後他們的努力才會被人知道，人人都衷心地佩服，原來他是這麼努力啊！

而這個時候你在幹什麼？你在一邊的角落裡豔羨地看著別人，然後下定決心去努力學習，要努力地表演搞笑。

大部分人對努力的理解，都膚淺地停留在表面的形式上，而忽視了努力的本質意義。

更可怕的是，一旦你習慣了這樣的過程，便很容易從中得到滿足，最後當發現自己沒有得到應有的回報的時候，開始怨天尤人，覺得天道不公。

請你停止你的虛偽吧！

努力不應該這樣被你糟蹋，它不是表演，它是一種生活的態度，是一種習慣。就像是習慣了優秀一樣，優秀的人也習慣了努力。

而你不同，你只是習慣了表演。

02

所有的捷徑，都是萬劫不復的劫難

普通人的一生，就不該對捷徑抱有幻想。有些黑暗，就該自己穿越；有些辛酸，就該自己品嘗；有些痛苦，就該自己體驗。妄想跳過這些主線劇情，直接通關人生，這種超級外掛，你覺得自己能免費拿到？

在知名電視劇《北京女子圖鑒》裡，有這樣一段情節：

高飛和陳可一起出差時，打電話要陳可把菸送到他的房間。當時是深夜二十三點五十一分，夜半三更，孤男寡女，這意味著什麼？不言自明。

機智的陳可打電話給飯店櫃臺，請櫃臺幫忙買了一包菸送了過去。陰謀未得逞的高飛把陳可的案子轉給了姚梅，再次出差就帶姚梅一起。

姚梅，一心向上爬，願意以身體做交換，於是她成功上位。

姚梅透過潛規則上位，沾沾自喜、揚揚得意，嘲笑只知道辛勤工作不懂得走捷徑的陳可。

然而，現實很快給姚梅當頭澆了一盆冷水。高飛的老婆聞訊趕到了公司，眾目睽睽之下羞辱了姚梅。

姚梅利用職場潛規則走的捷徑，成了眾人口中的一個笑話。

◆

所有的捷徑，都在背後標好了價碼。你以為你占了便宜，其實代價都在後面等你。

我一個表姐，目前也被自己選擇的捷徑扼住了喉嚨，越勒越緊，有些喘不過氣來了。

表姐從小就是資優生，是老爸老媽最常拿來教育我的「別人家的孩子」。表姐畢業於一所國立大學，又直接保送攻讀研究所。

表姐信奉「幹得好不如嫁得好，嫁得好可以少奮鬥二十年」。一畢業，她就嫁給了一個富二代。

表姐覺得，嫁個有錢人，就不用辛苦奮鬥了，這是人生的捷徑啊。可是就在去年，表姐所在部門由於公司轉型而被裁撤。她失業在家，卻被婆家嫌棄白吃白喝。被迫重新進入職場找工作的她，接連碰壁。由於當初走了一條捷徑，她沒有磨練自己，只是在職場混日子。如今，自己釀的苦酒，也只能自己品嘗。

出來混，遲早都要還的。還得越晚，利息越多。捷徑捷徑，走著走著，就變成了萬劫不復的劫難。

◆

曾經看過一部漫畫。每個人都背著一個沉重的十字架，艱難前行。有一個人自作聰明，把十字架砍掉了一截。當別人負重前行時，他拿著被砍掉了一大截的十字架，輕鬆地走到了最前面，一邊走一邊嘲笑別人。

突然，前面出現一個又深又寬的溝壑。別人用十字架搭在溝上，以架作橋，輕鬆跨越了溝壑。

他想如法炮製，但是十字架已經被他砍掉了一大截，已不能作橋。無奈之下，他拿著十字架想跳過去，結局只能是墜入谷底。

◆

普通人的一生，就不該對捷徑抱有幻想。有些黑暗，就該自己穿越。有些辛酸，就該自己品嘗。有些痛苦，就該自己體驗。

妄想跳過這些主線劇情，直接通關人生，這種超級外掛，你覺得自己能免費拿到？

其實，命運賜給我們的每一件禮物，都暗中標好了價格。路線不同，價碼也不同。

捷徑，就像高利貸一樣，短期內你會享受到超前的福利，長遠看則是萬丈深淵，稍有不慎，就會粉身碎骨，連回頭路都沒有。

03

不會偷懶還假裝勤奮，怪不得你又累又窮

有人會說，我也會偷懶啊，但還是什麼事情也做不好。這就是另外一部分人的生存狀態了，他們往往弄錯了偷懶的順序：總想著先偷懶再做事，而不是用最高效率把事情辦好再偷懶。

勤能補拙，是最大的謊言。

同事小吳，剛進公司時做的是市場營運，在小公司裡，這個職位等於打雜，什麼都要做一點。

業務繁忙的時候，大家經常忙得昏天暗地。但小吳總是表現得遊刃有餘，很少加班，偶爾還會送飲料零食給其他部門。雖然零食成功籠絡了我們的心，但我們一開始極度懷疑這小子在打混過日子。

直到在月例會上老闆重重表揚了他，說他工作完成得又快又好。我們才發現他真的有幾把刷子。

沒過幾個月，老闆還破格把他升為市場主管，這讓很多人驚詫不已。我請他吃一頓大餐，請教秘訣。小吳笑稱自己太懶，所以只能想辦法快點完成任務，好去享受生活。

他和我說了一件事：有一次老闆需要統計市面上某一類型的公司的相關資料，部門幾個同事看到那疊厚厚的資料頭皮都麻了。一個一個去查找的話，他們需要加班兩天才能完成這個統計。

其他同事已經開始動手查找了，小吳還沒動。

中午他跑到技術部門，請我們的技術大牛吃了一頓午餐，要他幫忙寫一個程式，把符合條件的公司和資料全都抓了下來，只花半天就完成了任務。

隨後他的結論讓我印象深刻：「確定好你想要的結果，整合一切你可以利用的資源，用最快的手段達成目標。公司存在的意義就是整合資源啊，一個人瞎忙，那你怎麼不待在家裡？」

聰明人偷懶，往往會想盡辦法提高自己的效率。只有提高效率，才能省出更多的時間做自己想做的事。

◆

馬雲曾經為雅虎的員工演講，主題是「這個世界是由懶人創造的」。

他在最後總結說：「懶不是傻懶，如果你想少幹，就要想出懶的方法。要懶出風格，懶出境界。像我從小就懶，連肉都懶得長，這就是境界。」

的確，有方法的懶，比無意義的勤奮有用千萬倍。

高一的時候，有一個同學，他是我見過最勤奮的學生之一。

早上六點起床開始學習，晚上還要熬到一兩點。下課時間從不休息，一直在埋頭苦學，甚至走路吃飯時都在背英語單字。放學後不是在教室就是在圖書館，週末還要去補課。這份努力我們都看在眼裡，但出乎意料的是，他的成績一直在中下游徘徊。

遇到國文英語這類學科成績還好一點，數理化簡直慘不忍睹。

後來聊天才發現，他唯一的學習方法就是背，把寫過的題目全部背下來，碰到一樣的題目他會做，題目稍微有些變化他就做不出來了。

他說：「因為我實在太笨了，只能比別人花更多的時間來學習。」

這是一個悲哀的循環：因為覺得自己笨，所以投入更多的時間。但用的方法從根本上就錯了，所以成績不會進步。成績停滯不前又讓他堅信自己很笨，做出更多無意義的努力。

◆

然而比這更悲哀的是，社會上時時刻刻都在上演「假勤奮」。不得不承認，有時候我們的「很忙」，其實是瞎忙。

早上到公司，一會兒做PPT，一會兒寫計畫，一會兒開會，忙了一圈卻發現什麼事也沒做成；晚上回到家，想學習一下，這邊剛打開學習軟體，那邊又點開了SNS，心得交流了一堆，學習進度依然為零。

瞎忙半天，一事無成，還得繼續忙。

我們常常用這些假勤奮掩蓋自己的心虛，因為我們沒有做成任何事，所以需要安慰自己：沒有功勞也有苦勞。

只有這樣，我們才能繼續打著勤奮的旗號混下去。然而職場的殘酷之處就在於：沒有結果，等於沒做。

老闆不看你通宵達旦做了多少份PPT，只會關心你的工作為公司帶來多少業績。如果你一事無成，那你勤奮的樣子，只會凸顯出你的無能。

◆

有專家總結出職場三大失敗原因：

把勤奮看得比結果重要；把瞎忙看得比方向重要；把苦幹看得比效率重要。

如果是你，你會選擇有方向、高效率地得到結果，還是勤奮地瞎忙、苦幹？

有人會說，我也會偷懶啊，但還是什麼事情也做不好。

這就是另一部分人的生存狀態了，他們往往弄錯了偷懶的順序：總想著先偷懶再做事，而不是用最高效率把事情辦好再偷懶。

手段再高明，可非要拖延到最後一刻才去做，效果也會大打折扣。

偷懶的精髓不在於懶，而在於偷。從哪裡偷？從低效率的工作中偷，偷更多的時間，去做更多有意義的事。

如何正確地偷懶呢？

首先要轉變自己的思考方式：「我就是要偷懶，所以我要想盡辦法去思考，讓自己更快成長，提高做事的效率，省出更多的時間去享受生活。」

當我們具備這個意識後，下面的偷懶秘訣可以讓效率翻倍：

1. 以結果為導向，找出最重要的事，其他事能捨就捨。

很多時候我們花費很多力氣做的事情，對結果並沒有幫助。比如你要把房子整理乾淨，卻上網拍開始買裝飾品，思考著放在哪裡好看，接著被某件衣服吸引，忍不住點開……而你實際需要做的只是把房間打掃一遍，該丟的東西丟掉就好。

2. 把要完成的工作，分解成一個個詳細的步驟，分解到你能立刻完成為止。

3. 整合你能利用的所有資源，自己不擅長的事情，盡量讓擅長的人去做，就算要付出一頓飯或者一杯奶茶的代價。

4. 對於不熟悉的工作，如果必須要自己完成，可以去分析行業內最成功的案例，學習別人的方式和優點，不要埋頭瞎忙。

5. 總結出自己成功的模式，不斷去優化它。不然每次都要從頭摸索，會浪費許多時間。

真心希望你能學會正確地偷懶，過著從容的生活。

這世上已經有太多的焦慮、太多的悲傷、太多的絕望，我們就不要湊這個熱鬧了。

04

你的無數個計畫，終究變成了無數個大話

雖然我們不喜歡生活無所作為，卻又習慣用謊言來麻痺自己，換取那並不值錢的心理安慰，直到被戳破的那一刻，用搞笑橋段來挽回尊嚴。

清晨的鬧鐘聲往往響了又關，關了又響，你咒罵著，關掉了鬧鐘，翻了個身，繼續著尚未做完的美夢。

待到陽光鋪滿整個床鋪，你意識到似乎已經是上午了，早飯想必是吃不成了，你計劃著玩一下手機，就起床讀書。

但起床總會有一個漫長的前奏，你拿出凌晨兩點才放下的手機，看看過去幾個小時內自己錯過了哪些娛樂八卦，和你的那個他（她）道一句早安，瀏覽ＳＮＳ，四處按讚留言，在虛擬世界裡刷點存在感。

不經意間，會有一絲念頭掠過你的腦海：我不是打算玩一下手機就起床嗎？

你看了看時間，已然十點，於是你抱著「賴床毀上午，早起毀一天」的想法，心安理得地開始看劇看球逛網拍。

當時針指向十二點，伴隨著越叫越響的肚子聲，你不情願地爬下床，胡亂洗一把臉抑或坐在鏡子前精緻打扮一番，便匆匆出門覓食，一邊排隊一邊抱怨街上人太多、餐廳菜太無聊；抑或一邊點著外送一邊聽著歌，等著午餐送上門來。

◆

填飽肚子後，出於一種愧疚，你詳細制訂了下午的計畫，精確到分秒。

但你又想起飯後不宜立即讀書的告誡，對自己說我只打一場遊戲或者我只刷十分鐘的抖音，但實際上的結果往往多了好幾倍。

不一會兒，閨密朋友或者你的另一半便開始召喚你。一部分是礙於面子，更多的是遵從內心真正的指引，你決定欣然赴約。

在各個場景拍照吃喝買買買。至於下午的宏偉計畫，你心想，人生難得放縱一回嘛。

夜幕降臨，飛鳥歸巢，外出回來的你意識到自己的一天不能這樣浪費，頓時你一腔熱血，懷抱著認真讀書的情懷，毅然背起書包，衝向圖書館。

圖書館裡的人不是很多，你欣慰地笑了笑。斜對角的桌子上堆著厚厚一疊考研究所的書籍，看她作筆記的厚度，應該是待了一天了。

於是你有些惶恐，拿出單字書，從abandon開始背起。當你讀到第十六個單字的時候，突然想起明天新上映的電影、剛才吃飯時旁人議論的八卦、抖音裡還未看完的影片。

抱著勞逸結合、玩一下就停的想法，你埋頭於那個小小的螢幕之上，待到電量提醒出現，已經九點半了。

你一邊抱怨著圖書館關門時間太早，一邊收拾書包，嘟囔著今夜風大，不宜跑步，走在背離操場的方向。

◆

白天的時間就這樣過去了。看著桌前考研究所天數的倒數計時，你感到一絲不安，不想讓這一天白白浪費。記得新年第一天的你，對自己說要讓每一天都過得有意義，於是你計劃著睡覺前無論如何也要看一下書。

回到溫暖的宿舍，你打開電腦，打開影片，翻出筆記……

而此時室友推門而入，與你分享這一天的碩果：某個明星有什麼八卦，某某景點今天的遊客超多……對某件事很感興趣的你，迅速加入討論，同時也要搜腸刮肚找出一些好笑的話題。

當時針指向十一點，宿舍強制熄燈後，你爬上床，以一個最舒服的姿勢凹入床上，翻看別人這一天的趣事，然後使用美圖濾鏡發出自己的見聞，轉發一下一個字都沒有讀過的精讀英文刊物，在各個平臺上打卡。

接著便開啟自己的夜生活，刷抖音看直播，時不時回來看看自己獲得了多少個讚。

看著宿舍外的點點繁星，你連打了三個哈欠，揉著有些發酸的眼睛，發現已經兩點多了，倦意襲來。

你放下手機，責備著今日懈怠的自己，抱著明天一定要早起讀書的念頭準備入睡，但腦海中仍然徘徊著某個明星的八卦、一次精彩的三分絕殺或者化身為救世主去拯救夢中的世界，而第二天的鬧鐘依舊準時響起……

◆

你渾渾噩噩地度過了一個學期，臨近考試，頭一晚挑燈夜讀，勤奮刻苦，自認為可以感動上蒼。

抱著六十分萬歲的態度結束了這學期連名字都念不好的學分課程。放假回家前，學校照例發一張學期總結與展望。你大筆一揮，洋洋灑灑寫下了下學期的宏偉計畫。而當下學期真正來臨時，你似乎又能看到以前的那個自己。

也許這是某些人的真實寫照，也許這是某些人一天中的部分寫照，但無論契合度有多少，你有沒有想過去改變什麼？

相信幾乎所有人，都有過「洗心革面，重新做人」的計畫：六點起，十一點睡，讀書、健身、打工、吃早飯、遠離手機……然而你究竟堅持了幾個小時，抑或幾天？

◆

其實，一些熱血雞湯你已讀過不少，勵志故事也見過一堆，計畫方案更是列了許多。但是現在的你，又是什麼樣的狀態？

我不想用說教的口吻向你灌輸什麼思想，也不想提譬如勤奮、自律、堅持這些讓你耳朵早已起繭的詞語。

如果你不是集美貌與才華於一身，倘若你還沒有看破紅塵，那麼我想你知道自己該怎樣做。

人總是一種很奇怪的生物，我們總是樂此不疲地制訂一個又一個計畫，然後眼睜睜地看著它們無法實現。

雖然我們不喜歡生活無所作為，卻又習慣用謊言來麻痺自己，換取那並不值錢的心理安慰，直到被戳破的那一刻，用搞笑來挽回尊嚴。

也許此時你已經制訂好明日的計畫，至於它是否會變成笑話，你看著辦。

05

凌晨三點不能回家，是因為你上班在滑SNS

當自己的狼狽相暴露無遺的時候，說幾句「這就是生活的模樣」之類的勵志金句，不負責任地把錯推給生活，自己拍拍屁股，隨之心安理得地繼續打混過日子。

前兩天在SNS上瘋狂洗板〈凌晨三點不回家：成年人的世界是你想不到的心酸〉的文章。

不想長大？〈凌晨三點〉這篇文章，可謂一劑強力針，讓整個SNS都沸騰了，彷彿凌晨三點不回家是多麼值得稱讚多麼值得驕傲的事情一樣。

人生是一場馬拉松，並不是一百公尺短跑啊。

工作到凌晨三點不下班，如果不是工作量安排得不合理，那說明你就是不行，能力不行效率不行態度不行各種都不行，僅此而已。

我念書的時候，總有一些人，每天要麼抱著一本教科書嘴裡喃喃自語，要麼趴在桌子上對著試卷和筆記本奮筆疾書。

晚上回到宿舍，還要在宿舍關燈以後，打開一盞能把整個寢室照得像白天一樣的檯燈，嘩啦嘩啦地把書和試卷翻來翻去。

工作的時候，也有那麼些人，熱愛工作的程度超乎想像。每天就算快到下班時間了，鍵盤仍然劈哩啪啦地敲得飛快。

第二天早上，頂著一雙厚厚的熊貓眼，滿臉憔悴地向同事抱怨昨晚又加班到三點鐘順便從同事的桌上順走一包即溶咖啡。

有意思的是，那些看起來認真讀書的「資優生」們，在考試結果出來的時候，有不少只是徘徊在及格線附近；每天忙忙碌碌的工作狂，每個月底都一邊看著自己慘澹的業績，一邊領著繳完信用卡費又得勒緊褲腰帶過日子的薪水。

疲於奔命好些時光，卻沒有迎來升職加薪的春天，而是收拾東西走人的黑暗。

在這種時候，他們就會拿出手機，轉載一篇〈成人世界是你想不到的心酸〉，緬懷自己為了夢想拚搏的模樣。

但在他們緬懷的時候，一定不會把這樣的真相說出來：

自己在人前假裝用功讀書的時候，雖然懷裡抱著書，手裡拿著筆，其實心裡想的卻是，這週哪一天有哪個韓劇更新，裡面的男主角又跟哪個女明星傳緋聞了……

一個晚上過去，嘴裡反覆念誦的，還是開頭兩個單字，試卷寫來寫去，還是同一張，一看已經很晚了，結果只能挑燈趕工，匆匆地把明天要交的作業慌亂塗完。

而總是加班加到凌晨的人呢，是因為自己今天上班的時候，不經意在SNS上看到女神發了自拍，琢磨了半小時才編出一句蹩腳的誇獎。

這時，他們覺得自己應該工作，於是放下手機做了一頁PPT，卻老是想著再刷一下SNS，看看女神有沒有回覆他，於是……反反覆覆，快到下班時間，女神根本沒理會他，明天開會要用的資料也還沒有做出來多少。

只能通宵達旦，在最後期限來臨之前潦草地趕出一份報告，以為自己逃過一劫時，卻因為效果不好，被要求重做。

於是乎，只能一邊打開文件，一邊咒罵老闆，然後加班途中，還不忘看看女神有沒有回覆自己白天的留言，並在SNS上發一句：「明天的你，一定會感謝今天努力的自己！加油！」設定本篇老闆看得到。

◆

有一句話說得好：比不努力更可怕的，是看起來很努力。

我很討厭那些鼓吹「打拚」、「奮鬥」之類的雞湯。不知道什麼時候起，長時間超出負荷運轉自己的身體竟變成了值得讚揚的事情。

難道真正有能力的人，不是那些在合理的時間內合理地完成了自己工作的人嗎？

足球巨星Ｃ羅就誠實得多。他曾說，自己的成功是建立在自己比別人更多的休息的基礎上。

每一個優秀的人，不在於他們有多懂得努力，而在於他們懂得休息。這種休息不是打牌打通宵，或者到ＫＴＶ唱一晚，而是實實在在的，讓自己的肉體和精神都得到放鬆。

懂得休息，則意味著他們懂得如何規劃好自己的時間，能夠保持良好的自控力，完成自己必須要完成的事情。

而有些失敗者，自身沒什麼本事，一番黔驢技窮之後，始終攀不上能讓他們每天只需要點著菸、蹺著二郎腿就能在點鈔機前往包裡裝鈔票的位置，卻又管不住自己，因此只好裝出一副努力的樣子，讓自己的失敗顯得體面一些。

而當自己的狼狽相暴露無遺的時候，說幾句「這就是生活的模樣」之類的勵志金句，不負責任地把鍋甩給生活，自己拍拍屁股，隨之心安理得地繼續混日子。

◆

人說白了也不過是一團肉，有著身體機能的限制。按照自然的法則，人需要休息，需要合理的規劃。突破人類正常需求的行為，偶爾為之無傷大雅，但長期如此，則是對自然規律的破壞。

我的大學老師曾經講過一句話：「任何違反自然的東西，背後必有蹊翹。」而這種無腦打拚的背後，實際上隱藏的是失敗者們人性裡的懶惰、貪圖享樂，以及那份希望得到別人投來讚許的目光，而將自己包裝得極其上進的虛榮心。

他們自我感動，他們控訴生活，但從未思考過其實真正的問題出在自己身上。

你不過是一個外人看起來很努力的廢柴罷了。

06

別動不動就中年危機，其實年輕時危機也不少

像我一個朋友就比較看得開，兒子剛畢業上班，有心事找他，他說：「哎呀你不用跟我說，說了也沒用，你爸沒用，你也沒用。你要做好心理準備，你這輩子能這樣就不錯了，可能還會更差。你要想開，這才是關鍵。」

今天早上一睜眼，SNS就被一篇雞湯奇文〈如何避免成為一個油膩的中年男人〉的文章洗版了，前幾天還有篇〈人到中年，職場半坡〉也非常紅，「中年危機」這個詞越來越響亮了。

一個有趣的現象：轉發這類文章的人，真正的中年人並不多，反倒是十幾二十歲的年輕人反應更熱烈，聲音一浪高過一浪，紛紛表態將來要做怎樣怎樣的中年人。

中年危機的核心問題就是胖，窮也是困擾，但沒有胖嚴重。一個人可以窮可以禿，但千萬不能胖，有錢也不能胖，胖就全完了。一個人如果沒胖，窮一點禿一點，再怎麼萎靡，看上去也還是有魂的，胖了就完蛋，別人瞧你的眼神都不一樣了，就像在看一張會動會說話的桌子。

至於所謂的危機，在我看來是一直存在的，只不過等到中年才反應過來的人比較多罷了，就像大部分學生都是大考前一晚才有沒複習的危機感一樣。

你要是幼年危機、少年危機、青年危機，那肯定中年危機啊，接著老年危機，這是必然的啊！

如果你在人生小有成就的前提下，比如青少年時期在學校很不錯，成績排名好，名校出身，自以為天下盡在掌握，結果出了社會十幾年混得不好，沒能出頭，加上健康指數每況愈下，這才算是危機來了，這種情況下你非矯情地說自己中年危機也就罷了。

絕大多數人一輩子都疲於奔命，不長本事光長歲數，你這不叫中年危機，叫中年常態好嗎？

奉勸現在的青少年，別整天在SNS轉發這些如何避免中年危機的雞湯文了，你注定要遭遇危機的，轉了文章也沒用！

不信的話，想想你之前收藏的健身影片都練了嗎？下載的旅遊攻略都用了嗎？保存的美食食譜都試做了嗎？列好的書單影單歌單都看了聽了嗎？按讚過的道理都實踐了嗎？要是那些你真的都完成了，你現在豈不是無敵到上天、完美到自己都怕啊？

可惜你沒有。

◆

我有一個朋友就比較看得開，兒子剛畢業上班，有心事找他，他說：「哎呀你不用跟我說，說了也沒用，你爸沒用，你也沒用。你要做好心理準備，你這輩子能這樣就不錯了，可能還會更差。你要想開，這才是關鍵。」

個個自命不凡，生活裡做不到與眾不同就拚命追求細節，好像吃個東西如果沒十個八個忌諱，就顯示不出自己比眾生高一個等級似的。

這生越求不同，反而事事皆落塵世中，俗不可耐。你就生在這人世間，一天洗八次澡也沒比別人乾淨多少。

天天眼高手低，拒絕接受四十多歲必將成為中年男人、中年婦女這個事實，結果只能在SNS轉雞湯文給自己心理安慰了。

其實，人這一輩子最重要的三點其實是：歲月靜好，懂得感恩，與你相隨。

07

那年你決定減肥，沒想到一減就是一輩子

既想要腹肌，又無法持續運動，既想要體面生活，又不想吃苦，這麼好的事，您還是在夢裡享受吧。

生活中有一些話，刺耳卻很受用；有一些話，初聽逆耳，細品夠味。我今天送大家幾句話，哪怕能聽進去一句，今年的你都會有所不同。

I. 努力，不是為了在SNS上多騙幾個讚

你想去跑步，還沒開始，先插上耳機，擺個故意耍酷的姿勢，來張自拍，然後秒發SNS，等待著大家按讚和誇獎。

結果，半個小時、一個小時過去了，收到了一大堆讚，自己卻還沒跑出去一百公尺。

你對新認識的女朋友誇下了海口，說自己很愛讀書，但又實在靜不下心認認真真地讀一本書，於是，在某個昏昏欲睡的下午，你去圖書館拍了一張書頁的照片發在SNS上，再附一句，「唯有讀書與努力，不可辜負」。

看著大家一片按讚，你暗自撇起了嘴角。與按讚的人互動矯情一番後，你終於趴在桌上呼呼而睡，震耳欲聾的呼嚕聲讓周圍的人咂舌不已。

生而為人，上進努力原本是一件值得鼓勵肯定的事，追求別人認可倒

也無可厚非，但如果熱衷於把自己的努力擺設在社交網路上，故意製造一種「我很努力，我是上進者」的假象，就確實沒意思了。

要知道，努力，本就是年輕人應有的狀態，可是一旦有了表演的成分，就會顯得廉價。

努力，是實實在在地為自己的成長鋪就成功之路的基石，而不是滿足虛榮心的籌碼和棋子。

2. 答應自己的事都做不到，你憑什麼抱怨世界？

你太怕冷，所以一整個冬季，不是窩在沙發裡追劇嗑零食，就是躺在床上玩手機睡懶覺。不知不覺，你肚子上的肉肉已經軟軟地從腰間墜了下來，肥肥的大腿也沉重地好似灌了鉛。

眼看春風送暖，換了季的人們婀娜窈窕地從你眼前飄然而過，你才記起年初的時候，立下運動和節食的諾言。

你豔羡身邊兄弟的成功，眼看他已在這個城市穩穩站住了腳跟，自己卻還在出租屋裡感嘆命運的不公，你懊惱，你自責。

你只是看到了他人前的成功，卻沒有看見他在你瀟灑自得的時候奮力揮灑的汗水。

你終於想起，一起出來打拚的時候，你們也共同舉杯，共勉一起奮力。他做到了，但你，卻食言了。

既想要腹肌，又無法持續運動，既想要體面生活，又不想吃苦，這麼好的事，您還是在夢裡享受吧。

連答應自己的事都做不到，又憑什麼抱怨世界不給你想要的？

3. 魚沒有水會死，水沒有魚會更清澈。你沒有他會傷心，他沒有你會更爽。

你又一次看走了眼，愛上了渣男。在你這個年紀，還不是很明白，金錢、名利、外貌都不是愛情裡最重要的因素，所以，你又一次受傷了。

睡不著的深夜，你一次又一次地翻看著他的ＳＮＳ帳號，希望從中找出關於你的蛛絲馬跡。

你希望他也會和你一樣，痛苦地蜷縮在某個黑暗的角落暗自流淚。但事實上，他此刻正在很嗨的人群裡，和一個比你更漂亮的女孩曖昧。

於是你更加傷心，痛恨命運對你的不公。別給自己加戲了，要知道，你放不下的人很可能早就放下了你，這世上沒有誰離不開誰。

過好自己獨一無二的人生，才是讓對方悔恨遺憾的最好方式。

4. 玻璃心、想太多都是病，得治。

同事工作閒暇在竊竊私語，剛好走過的你就認為是在說自己，於是，一個上午你都心情不好。

同事A給了同事B一個蘋果，卻忘了給也坐得不遠的你，於是，一整天你都對這件事耿耿於懷。

下午開會的時候，上司沒有指名道姓地批評了幾句，你就認為是在說你，於是，一週都心情不好。

晚上回家跟男朋友聊聊今天的事，男朋友忙著打遊戲，嗯嗯啊啊回了幾句，你就認為對方不愛你了，於是，整個月都提不起神。

你時刻擁有一顆玻璃心，自怨自艾地活在自己的世界裡；你總是情緒過分豐富，動不動就淚流滿面；你總喜歡一次次地埋怨他人，控訴世界對你的不公。

要知道，你又不是大明星，哪有那麼多眼光被你吸引？大家都很忙，沒有人需要為你的玻璃心埋單。

與其患得患失，不如坦蕩灑脫。

◆

春節彷彿還在昨日，可一看日曆，才恍然發現已是三月。時間就是過得這麼快，你還沒開始熱身，比賽的上半場就開始了。

如果生活就這麼渾渾噩噩地耗下去，等你人到中年，怔怔地看著眼前的局面時，可不要過於驚訝人生怎麼就變成今天這個樣子。

08

太努力工作的年輕人，還記得你的詩與遠方嗎？

這世界從不缺努力工作的人，缺的是努力對了方向的人。不要盲目前行，適時停下來看看路線，並不會影響你前進的步伐。

活成這只有眼前苟且的樣子，你可還記得年少時渴望的詩與遠方？不過那對你也不重要了吧，畢竟除了眼前的苟且，未來還有層巒疊嶂綿延不絕的苟且在等著你。

每一個身歷職場的人，想必都有過這樣的經歷──看老闆畫餅給你吃。

「明年公司業績好，優秀員工加薪N級。」

「你們部門的部長我打算從內部提拔。」

「部門（公司）正是草創期，將來你就是元老，高階主管裡有你的位置。」

「公司馬上就要上市，到時大家身家都會翻倍……」

但是到了年底，薪資沒漲，職位沒升，公司離上市還差十萬八千里，哪還有餅的一絲蹤影？於是只能怨氣沖天地，悄然地，在公司徵才資訊留下評論：「垃圾公司，騙人！」

結果還被公司買通後臺給刪了。

「公司現在是關鍵時期」、「你剛剛畢業難以服眾」、「我覺得你就只差那麼一點點」……因為諸多原因，這些餅永無兌現之日，就像吊在驢子眼前的胡蘿蔔，永遠在你前方，那麼近，卻永遠也搆不著。

而你也就像圍著磨盤轉的驢子一樣，永不停歇，為著別人的公司拋頭顱、灑熱血。

雖然明知吃到餅的可能性不大，但你還是禁不起這餅的誘惑。可是餅再大，吃不下，不還是會被噎死嗎？沉迷工作不可自拔，最終會慢慢忘記自己究竟是為了什麼而工作。

◆

太多年輕人被「不努力，便會被同輩拋棄」的焦慮所綁架，灌著雞湯麻醉自己，努力工作到拚「命」的比比皆是。

凌晨三點還頂著黑眼圈依舊在電腦前勤耕不輟，默念著「越努力越幸運」，第一千零一次重複著機械的工作。

二十歲就頂著別人三十歲的眼紋、眼袋、黑眼圈，用著花了半個月薪水買的化妝品保養品去遮蓋和彌補。

稍一有空就規劃著十年後房貸還了五分之一、孩子幼兒園一個月花掉自己三個月薪水的生活。

美國一位暢銷書作家芭芭拉・艾倫瑞克，用了一年的時間來體驗底層生活，然後寫了一本書《我在底層的生活》。她在書裡展示了一個窮人永遠是窮人的無解循環：因為錢不夠，只能住在偏遠的地方節省房租；每天大量時間在路上顛簸，沒有時間提升自我；為了應付上漲的房租和生活成本，得承擔更多的工作時數或者兼職；因為花了太多時間做各種費時費力的基礎工作，她漸漸成為一個工作機器，沒有時間學習新的技能，只能日復一日重複同樣的工作；然後，換一個地方，進入下一個循環。

◆

大部分剛剛入行的普通人，只能從事沒有任何難度的重複性勞動。

在老闆眼裡，這些毫無難度的工作交到你手上，你完成了是本分，沒在規定期限內完成是能力差、沒責任心，沒人會在意你工作量大要加班幾百個小時。

眼前工作占據太多時間的人，難有空餘時間提升自己。工作之外剩餘時間少，回家只想懶散休憩，即使靠著毅力擠出時間也無法避免精疲力竭之後的低效率。

十年之後，你依舊在重複著已經重複了十萬多次的基礎工作，甚至AI都可以輕易取代你的位置，這時候你將沒有任何選擇的權利，無法創造更多價值，可不是只有苟且一世？

太努力工作的年輕人，大多數太過盲目，全靠一腔熱血，缺乏理性判斷的想像與自我暗示，最後通常還沒拚來成功，先把命給拚掉了。

年輕人，到底是誰給你們的自信，以為自己一畢業就能承受中年危機所致的焦慮？誰告訴你們拚命就可以成功？地球是圓的，那不代表你朝一個方向拚命走就能抵達火星。

一個公認的道理：要想成功，兩條路——做喜歡的事，投入十二萬分的熱情；做擅長的事，事半功倍。若恰好你所喜歡即所擅長，那是萬裡挑一的幸運。

可現實不總是幸運的，只有極少數人能在專業技能上展露出無與倫比的天賦，只有極少數人能透過課外興趣培養發現自己的熱愛與擅長之所在。絕大多數人，難有時間做喜歡的事，更沒有時間去找自己擅長的事。

如果你的工作不是自己喜歡的，也不是自己擅長的，那麼做不好，沒成績，沒效果，沒錢也就理所應當了。

看著同期的新人一個個不斷升級，自己卻陷入無盡的循環中，心態注定會崩掉。結果空耗青春、愧對親人，最後依舊一事無成，這樣一眼看到盡頭的人生意義幾何？

太多人不是工作不夠努力，而是一輩子拚著想成為企業家的命，去做著企業家的廉價勞動力。

這世界從不缺努力工作的人，缺的是努力對了方向的人。不要盲目前行，適當停下來看看路線，並不會影響你前進的步伐。

慢慢走，就很快。

09

人生從來沒有速成這個選項

網路讓我們看到別人燈紅酒綠的生活，讓更多人不甘心於現狀。所有人都在期待一步登天，拚命拒絕現實當中本來應該要面對的問題。

一篇篇文章、影片紅遍SNS，什麼高中生募資月入五十萬，什麼年輕人創業融資五百萬，公司估值五千萬……讓年輕人感覺自己一次次地被拋棄，被落下，激起各種焦慮的情緒。

同時，網路上還充斥著各種課程，零基礎月入破五萬，副業也能月入二十萬，二十一天學會月入二十萬……讓你搖身一變成為鑽石王老五的日子提前實現，迅速走上人生巔峰，讓人看著都有些飄飄然，美滋滋，忍不住再次掏出乾癟的錢包。

我們激動萬分，可等到真正去報名學習一些這樣的課程之後，反而會發現這些課程講的大多是一些入門的知識，講的方法經驗跟別人也沒有什麼太大的區別。

等聽完了課，發現自己並沒有什麼提升。因為發現課程沒有那麼神奇，效果也沒有想像的那麼好。那些自媒體大力販售著情緒焦慮。

他們自己都沒有賺那麼多，憑什麼教我們？

就算他們真的成功了，以一個成功人士的身分來教你，也未必對你有多大用的。

那麼為什麼大家還會趨之若鶩呢？

其實本質的原因是追求速成的人生！輕輕鬆鬆，不用怎麼努力，就能收穫巨大的成就，迅速獲得豐厚的加薪、高貴的地位、大量的財富……聽起來多有吸引力！

◆

追求速成，其本質就是懶惰。

總是用一個懶惰的心態來學習，結果可想而知。一旦遇到挫折便苦兮兮，滿臉委屈地馬上放棄了，丟盔棄甲，鎩羽而歸，受不得一點點挫折。

比如學英語，我們打開課程，老師教得很好，要我們背單字、寫大量考題，每天都拿出一定時間來練習聽力。

可是我們一看，呀，我們都知道的道理，還是老方法啊？不行，人家年紀比我小都創業了，我還在這裡一點點背單字？不行，不行，這不是我要的。我要的是速成，馬上走上人生巔峰的那種。

可是想要一步登天，妄圖短時間內爆發式超過別人多年的累積，怎麼可能？

這樣焦慮急躁速成的心態，怎麼可能真的帶來突破？

不停地尋找這些課程，不停地失望，要知道，成功的人生從來不是速成的。

◆

有一種人生倒是可以速成，就是平庸的人生。

這最簡單了，我們躺下來，什麼都不做，什麼都不想，安心當一塊爛肉就好了。

懶懶散散的，吃了睡睡了吃。腰又肥了幾圈，熬夜熬得黑眼圈又加重了。

或者每天看熱門話題，八卦新聞瀏覽一遍。

再或者人云亦云，人家說什麼就聽什麼，人家說什麼就是什麼，跟著別人的想法走，聽別人的安排，被自媒體的話題挑動，或矇騙，或激動，或動怒。

從不會質疑別人，從沒有自己的思考。

◆

成功都有運氣在裡面，但更多的是他們背後我們沒有看到的努力。

國際巨星章子怡，在外人看來擁有一個開外掛的人生。一個普通城市的女生，逐漸成長為國內頂級的演員，又成為國際著名影星。從舞蹈轉入影視圈，演技也那麼精湛，她是怎麼快速成長的？

在《章子怡成長日誌》中，有這麼一個故事。

某次舞臺劇《大荒漠》中，她扮演一位油田隊長的妻子。除夕之夜，她到油田看望丈夫，並勸說他離開油田去享受安逸的生活，在被丈夫拒絕後憤然離去。

章子怡很投入，演到最後一幕，她跑著衝出去，整個人撞到了玻璃上，可是她一點都沒有出戲，眼睛裡含滿淚水把話說完。

後來等她發現手上鮮血直流頓時嚇了一跳，就摸了一下臉，臉沒受傷，然後就壓著傷口，上臺謝幕。

還有她拍攝《臥虎藏龍》時背後默默的努力。

李安回憶說：「她並非首選，而且感覺什麼條件都不成熟，因為她什麼都不會。但一兩個月過去以後，無論美術、攝影、武打、演戲……她都能慢慢地消化進去，相貌上乘，又能吃苦，她幹這一行，真是祖師爺賞飯吃。」

◆

網路時代，我們被各種暴富新聞洗版，滿滿都是大企業的頂層結構、戰略規劃，彷彿自己和這些有多近似的。導致大家都變得太浮躁了。

人們總覺得遍地是通往財富自由的大門，它們全都在向自己招手：「來啊來啊！」可當走近一看，才發現這些門都鎖著呢，自己根本沒鑰匙啊。

網路讓我們看到別人燈紅酒綠的生活，讓更多人不甘心於現狀。所有人都在期待一步登天，拚命拒絕現實當中本來應該要面對的問題。

然而，一切合乎心意的改變都不可能一蹴而就，一個心滿意足的人生沒有捷徑。唯有透過大量的練習與實踐才能實現這樣的轉變。

人生都會有一些艱苦的歲月要走。不要再用一個速成的心態來學習、跟風，而是專注在自己的領域，靜下心，深深挖掘，打磨能力。

時間的洗滌和厚重的累積，都必不可少。

這個世界上，有一種落差叫能力配不上夢想；有一種煩惱，叫收入配不上享受；有一種無奈，叫容貌配不上矯情；有一種羞恥，叫見識配不上年齡。別說你都遭遇過，不然那可真是悲劇了。

10

一些送給二十多歲年輕人的「人艱指南」

二十多歲，是最容易迷茫的年紀。這也許是人生最好的時光，因為一切看起來都是那麼青春洋溢；當然，這也是最糟糕的時光，因為人生中絕大多數錯誤的決定，都是在這段時間做的。

二十多歲，是最容易迷茫的年紀。

這也許是人生最好的時光，因為一切看起來都是那麼青春洋溢；當然，這也是最糟糕的時光，因為人生中絕大多數錯誤的決定，都是在這段時間做的。

今天，我以自己二十多歲時的各種親身經歷，為大家補上一課，希望能為你本就非常艱難的人生，提供一點微小的幫助。

1. 電競是毒品。

剛上大學的時候，一款叫DOTA的多人競技遊戲開始走紅，我也沉迷其中。那段時間，我幾乎沒日沒夜地打，終成一代DOTA大神，經常有同學在身後圍觀，對我的技術頂禮膜拜。

可是，打電動再有快感，你也終究要回到現實的。

那段時間，因為過於沉迷打遊戲，幾乎不出宿舍，都快與社會隔絕了，也不和人說話，也不去上課，也不洗臉，整天一副萎靡的模樣，而理科院校大多數男生也都這副德性。

好在荒廢了兩年後我及時反省了，重回正軌。但身邊大部分同學都沒這麼幸運，直到畢業，才意識到，這四年已經把自己養廢了，但為時已晚。

2. 談戀愛，是虛度時光最美好的方式。

大學裡，一旦你不打遊戲了，你會發現自己每天的空閒時間非常多，可以做很多事情！

為什麼選擇談戀愛？

首先，這可能是你人生中最後一次沒有金錢、權力、地位等因素干擾，純粹因為喜歡而在一起的愛情了。

今後的每一次，都會有車子房子和鈔票的印記。

其次，談戀愛是一件非常鍛煉綜合技能的事。想搞定心儀的異性，你往往需要在外貌、氣質、談吐、情商、智商等多方面動腦筋才能成功，伴隨這些技能的提高，你這個人的整體評分自然也提高了。

這些技能就像釀酒，時間越久越有味道，這也是很多女生喜歡大叔的原因。

3. 興趣愛好一定要多，你永遠不知道什麼時候會派上用場。

其實應屆畢業生都是白紙，學校裡學的東西基本上在工作時都派不上用場，如何在一群白紙裡脫穎而出被老闆記住就很重要了。

我的職場生涯起步就比較順，剛進公司就得到了不少機會。而這些機會，不是我拚來的，也不是因為我比其他應屆生更專業，而是因為……我踢足球厲害。

進公司沒多久就碰上公司和一個友商踢足球賽，我當然踴躍報名了。一個踢了幾年大學聯賽的小夥子，一上場，當然是大出風頭。後來有什麼給新人的工作，老闆都會先想到那個「會踢球的年輕人」。

如今工作久了，我發現這不全是運氣。凡是比較厲害的員工，通常都有幾項拿得出手的才藝，反倒是工作不行的人，往往別的也不行。

4. 學會打扮自己，大部分人不會對外在差的人的內在美感興趣。

其實這一條，許多人在談戀愛的時候就體會過了。不過非常美和非常帥的終究是少數，絕大多數人都很普通。

這是一個看臉的世界，普通人如何脫穎而出？那就要學會打扮自己。普通的臉可以油頭垢面，也可以乾淨俐落。

這幾年面試了不少人，其實被刷下來的人有百分之八十，從見面那一刻就已經被淘汰了，和後面的溝通交流關係不大。

油膩的頭髮、韭菜味的嘴巴、刺鼻的汗味、劣質的香水、浮誇的造型和服裝等等。這世上絕大多數工作，都不歡迎一個不注重形象的人加入。

別覺得這是歧視，這是非常有科學依據的：如果一個人連自己的形象這麼簡單的事都搞不定，憑什麼相信他有能力搞定工作？

5. 所有的事情到最後都是拚體力，體力也是實力的一部分。

經常有人問我，說你哪裡來那麼多精力，又有本職工作，還要抽時間寫文章經營社群專頁？

我覺得沒什麼啊，這世界上比我勤奮的人太多了。

而那些大老闆們更厲害，常年大半夜還在談論工作，早上又能很早就去辦公室。要是換成一般人，天天玩遊戲到半夜，早上按時起床都難，更別說常年保持工作狀態了。

隨著年紀的增大，越來越感覺到體力的重要性。

對於大多數人，一天變成四十八小時他們也不會有什麼改變，因為他們的體力連八小時都很難支撐。捫心自問，你每天在辦公室有多少時間是在認真工作啊？

網路上有句很有名的話：「那個愛喝冰汽水的少年，終有一天會拿起保溫杯。」

一開始只覺得好笑，後來一想其實挺有道理。

保持良好的精力，其實並不意味著我們和殘酷的時間妥協了。

而是終於明白：人生即將迎來下半場，你只有精力旺盛，才能贏得漂亮。

PART 2

你憑什麼弱得心安理得

11

我們學習和成長的過程，不就是自我否定的過程嗎？

我確實是不會，我確實是不行，我活著就是一個不停地面對自己領域之外事物的過程，這是我生活的常態，也是我的價值。

小時候，覺得自己是宇宙第一，後來不那麼囂張了，覺得自己也就是個考上前三志願的水準，再到後來又謙虛了一點，覺得自己雖然沒那麼厲害，但至少會的東西也很多，再後來覺得我什麼都不會，再後來覺得自己是個傻子，最後覺得好像我連傻子都不如。

但是眼睛看到的東西從一個嬰兒床的天花板到一個房間，一個班級，一個城市，很多個城市，宏觀的世界，各行各業的頂尖人才，再到身邊每個人優於自己的地方。

否定自己的過程正是眼睛看到別人長處的過程。

以前覺得我是我們班成績排名第一，我比他們都強的時候，是一個以單一價值標準衡量別人的時候；而當覺得自己其實不如很多人的時候，說明衡量別人的標準開始多元化。

「A比我長得帥，B比我思緒敏捷，C的行動力非常強，D有很強的計畫能力，E做每件事情都可以有始有終，跟他們一比，我真是不行。」

以前覺得「至少我比某人強吧」，但是後來發現某人雖然長得差，性格孤僻，做事笨手笨腳又沒有條理，但是寫得一手好字，又擅長做菜。這說明在自己不欣賞的人身上也可以發現優點。評價一個人再也不用簡單的好壞了。

◆

以前生活的環境很固定很小，環境裡面的每一個細節自己都可以掌控，於是覺得自己很有權威。

後來拓寬了生活圈，開始有自己掌控不了的因素，自己不熟悉的、超出自己能力範圍的事情出現。

從來沒吃過的食物種類，沒有參加過的場合，不認識的語言，不會操作的儀器，完全不會的運動……

於是又開始否定自己，在面對食物卻不知道怎麼吃的時候，在別人都優雅自如自己卻拘束緊張的時候，在別人輕鬆瀏覽而自己滿眼問號的時候，一次又一次地覺得，我簡直跟傻瓜一樣。

◆

一部分的人為了保護自己，拒絕接受那些自己不理解的事物。不要用多元化的標準衡量別人，他們就是沒有我會讀書。不要發現自己不欣賞的人的優點，他就是不如我。不要接觸自己不熟悉的東西，我接觸的一切都是我能掌控的，我才是權威。

結果就是把自己限定在狹隘的眼光和狹小的空間裡。

學習的作用之一就是讓自己明確地認識並接受這個事實：我不會的地方真是太多了。如果世界是100%，我不會的就是99.9999%；如果全世界的人是100%，我不如的就是99.9999%。

於是你才可以拋開用行與不行、會與不會、擅長與不擅長來衡量自己價值的思考方式。

我確實是不會，我確實是不行，我活著就是一個不停地面對自己領域之外事物的過程，這是我生活的常態，也是我的價值。

有了這種想法，也就不會為了以前自己做出來的傻事而否定自己了，
也不會害怕面對自己不擅長的事物和人，也不怕承認自己確實不行。
當傻瓜都不怕，還怕什麼呢？

12

成年人的世界，連叛逆都標好了價碼

為什麼成年人的叛逆，總是小心翼翼，總是發生在不為人知的地方？因為叛逆，是放在貨架上的商品，誰都可以買，但年齡越大，它越昂貴。

1. 成年人任性叛逆，一點也不酷。

以前我還上班的時候，辦公室剛到職的新同事，是一個剛畢業的女生。出於善意，一開始我們就反覆跟她強調兩件事：不要在辦公室裡吃飯，客戶走進來聞到味道不好；少拿起手機，查資料可以用電腦。

這兩件事是總經理的地雷，不能踩。

可是這女生剛從自由的大學校園裡走出來，她無法理解為什麼辦公室有如此多的限制，為什麼總經理會像高中班導師那樣時刻盯著自己。

於是，當大家搬著桌子到外頭吃飯時，她原地不動，端起麻辣燙在座位上就開吃；當大家都在防著總經理突然出現時，她光明正大盯著手機，有時還打橫手機看幾分鐘影片。

我們都勸她小心點，別做得太過分。

女生卻說：「我就是故意的，看她能怎麼樣，這個職位目前只有我一個人，難道她還能開除我嗎？」

事實證明，她是總經理，她能。

職場上，也許有人是獨一無二的，但肯定沒人是不可替代的。

女生被開除的第二天，外包團隊就接手了她的工作。

離職後，雖然女生在ＳＮＳ上寫得很瀟灑，說什麼自由了可以好好放鬆一下了，但房租還要付，分期要還，再瀟灑也得先找人借錢應急，還不敢讓父母知道。

早知如此，何必當初？

2. 越長大，叛逆越貴。

有段時間，大家都在說成年人的叛逆，卑微大於刺激，謹慎大於衝動。明明第一時間看到老闆的消息，偏要拖延二十分鐘再回覆；下班回家路上收到甲方的ＳＮＳ好友申請，故意等到睡前才同意；方案被否定Ｎ次，想發ＳＮＳ暗諷老闆，卻依然記得要先設定權限讓他看不見。

為什麼成年人的叛逆，總是小心翼翼，總是發生在不為人知的地方？

因為叛逆，是放在貨架上的商品，誰都可以買，但年齡越大，它越昂貴。

三歲的時候，不想當個乖孩子，穿著鞋子在沙發上蹦蹦跳跳，被爸媽打了兩下屁股，痛了一會兒；十三歲的時候，不想上學，偷溜到網咖玩一天的遊戲，被爸媽發現，沒收零用錢，沒錢吃早餐，餓了兩個星期。可是等到二十三歲的時候，一切都沒那麼容易了。

儘管我們依然可以因為老闆很討厭，選擇故意拖延工作、處處頂撞，也可以在看到老闆被惹急的樣子後，興奮地吹著小口哨，盡情享受叛逆帶來的巨大快感。可是短暫的快感之後，等待你的，是收拾不完的爛攤子。

也許夠幸運，暫時沒有被開除，卻再無升遷機會，優秀員工與你無關，獎金分紅你拿最少。緊接著，錢不夠花，工作處處被刁難，想辭職又擔心交不出下個月的房租，陷入兩難。

奧地利作家褚威格在《斷頭王后》中有一句非常經典的話：她那時候還太年輕，不知道所有命運贈送的禮物，早已在暗中標好了價格。

孩童時期的叛逆，和成年後的叛逆，給你帶來的快感也許差不多，但那價格可著實差很多。你隨手拿起裝進口袋，是否考慮過自己能否負擔得起，是否想過再也沒有人能為你的胡亂叛逆買單。

美籍華裔女演員劉玉玲接受採訪時說：「我開始工作後一直很努力地賺錢，最後存了一筆存款。」

這樣，當你老闆要解雇你，或是讓你去做不願意的事情時，你就可以很有氣勢地甩他一句「我不幹了」！

我們已經成年了，叛逆，也要用成年人的方式。想叛逆，請先把叛逆的本錢準備好。

3. 不滿意，原本就是生活的一部分。

其實無論是任性還是叛逆，很多時候是因為我們不滿意眼前的人和事，不滿意人生，所以做一些隨心所欲的事，來宣洩心中的不滿情緒。

但凡事都應該有限度，不加克制的任性叛逆，沒人會為你鼓掌。

學妹四個月換了三份工作，並不是因為迷茫找不到方向，三份工作都是相似的內容。

令她頻繁辭職的，是公司裡七零八碎的小事。同事太八卦、工作氛圍太壓抑、沒有下午茶、主管總在背後看她工作……

每次她到職沒幾天，就開始連天的抱怨。

我想起幾年前，辭掉人生的第一份工作，走之前和主管面談，他對我說：「你今天可以因為不滿意而辭職，但我希望你能好好對待你的下一份工作，不要讓辭職成為一種惡性循環，因為不滿意，原本就是生活的一部分。」

這句勸告，我一直銘記於心，它無數次成功冷卻了我衝動的念頭。

很認同網路上流傳的一段話：「很長一段時間，我的生活看似馬上就要開始了，真正的生活。但是總有一些障礙阻擋著，有些事得先解決，有些工作還有待完成，時間貌似夠用，還有一筆債務要去付清，然後生活就會開始。最後我終於明白，這些障礙，正是我的生活。」

和這些障礙一樣，不滿意的人和事，也正是我們生活的一部分。

它們散布在人生的各個角落，如果我們每一次遇到，都不顧一切地選擇繞路走，總有一天會發現自己無路可走。

4. 有人說，任性和叛逆，才能讓你與眾不同。

胡亂地任性與叛逆，往往會讓你淪為一個最平庸的自己。一次次地衝動，就會一次次地陷入兩難的境界，就會一次次地心力交瘁。

而一旦生活的熱情被磨滅，所有理想和抱負就都會停留在昨天。

哲學家康德告訴世人：所謂自由，不是隨心所欲，而是自我主宰。我們要學會去主宰生活裡的那些「不滿意」，不被它們影響內心最真實的聲音，才能活出自己想要的高級人生。

我們成年了，我們的叛逆，也該成熟了。

13

酒香也怕巷子深，何況你還不一定香

想成功做好一件事，並不需要等機會完全成熟。等到所有事情都確定了之後，機會也就不屬於你了。要是你一直相信「以後機會很多」這樣的話，那麼你二十歲是這樣，三十歲是這樣，四十歲也還是這樣。

「等我吃完這頓大餐，我一定要好好減肥。」

「等我忙完這陣子，我一定要回家好好陪陪家人。」

「等我存夠了錢，我一定要來一場說走就走的旅行。」

我們總以為「人生還很長，以後還有很多機會」，但事實上是，很多機會就是因為一個「等」字白白錯失的。

等你吃完這頓大餐，面對下一頓時，還是會控制不住自己的。

等你忙完這陣子，你會發現你還有下一陣子要忙，於是你只能把回家的日期再往後挪。

等你存了一筆錢，你突然發現，化妝品不夠了，衣服沒幾件了，Vans新出的小白鞋挺好看的。於是你咬咬牙，先把錢花在「刀口」上，至於旅行？下次吧！

「等我……了，我一定……」是一個假議題，等待所能得到的唯一結果就是，需要更多的等待。

也許在某一天，你瞥見體重計上的數字，才想起自己曾有過減肥五公斤的豪言壯語。

也許在某一天，你接通爸媽的電話，聽著爸媽試探著問你什麼時候有空回家，才想起自己好像快一年沒回家了。

也許在某一天，你滑SNS的時候，突然發現之前關注的旅遊部落客更新旅行日誌，才想起自己的旅行夢還沒開始呢。

等待應該是收穫勝利的號角，而不是發起衝鋒的擂鼓。選擇等待的理由有很多，也許是時機不對，等待更好的時機；也許是準備得不夠充分，信心不足，等待下次機會；也許……

但不管怎樣，我們都希望等待之後的回報，能夠對得起自己的等待。可是將來太過虛無縹緲，況且你還不一定能夠堅持等待到收穫成果的那天。

◆

不知道你有沒有聽說過「二十秒法則」：當你想做一件事情，立即去做，在二十秒之內就開始；當你不想做一件事情，認真考慮二十秒，再決定要不要去做。

聽起來有點可笑：我們想要做某件事情的決心，僅僅只能夠堅持二十秒。二十秒之後，你對這件事情的熱情，就會下降好幾個百分比，更遑論你所謂的等待，都不知道有多長時間呢。

我們的民族性內斂、謹慎，凡事講究「不打沒準備的仗」。

於是我們把精力都花費在事前的準備上，追求盡善盡美，面面俱到，但是對於真正值得重視的「戰爭」，卻遲遲不見行動。

我的朋友M曾告訴我，他想要從事自媒體寫作。於是，他從網路上看了一篇又一篇的寫作教程，還建立了一個素材庫，用來存放寫作素材。

課程費交了一筆又一筆，資料夾建了一個又一個，但我始終沒見他在哪個平臺上發表過文章。他只是像隻松鼠一樣，不斷地囤著他的文章素材。

我問他：「為什麼不把你寫的文章發出來給別人看看呢？」

他說：「我覺得我還不知道怎麼做好一名新媒體作者，我想要等我做好充分的準備了，再把我寫的東西給讀者看。沒關係，反正酒香不怕巷子深嘛！」

我不清楚他所謂的準備充分是怎樣的，也不清楚他什麼時候能夠「準備充分」。我只覺得，酒香也怕巷子深，何況你還不一定香。

◆

我們都知道，果農從來不會等蘋果熟了再摘下來賣，而總是提前把蘋果摘下來。

為什麼要這樣做？因為蘋果熟透了再運輸，會在路上腐爛，而青澀的蘋果，可以在路上慢慢成熟。

想成功做好一件事，並不需要等機會完全成熟。等到所有事情都確定了之後，機會也就不屬於你了。

要是你一直相信「以後機會很多」這樣的話，那麼你二十歲是這樣，三十歲是這樣，四十歲也還是這樣。

即使你是一匹千里馬，你也只能窮盡一生去拉鹽車了。

如果有什麼想做的事情，那就立即去做吧。如果你想減肥，那現在就可以按照減肥計畫執行了；如果你想回家陪陪爸媽，那現在就可以訂車票了；如果你想去旅行，那現在就背起背包走出去。

不要總把希望留到明天，到了明天還要後天。

Nike的一句廣告詞寫得很好：Just Do It。

14

刷抖音玩手遊，你不看看自己的存款餘額嗎？

你動動手指，就能享受神仙一樣的待遇。可是你忘了，你只是一個普普通通的城市底層人員，做著不怎麼滿意的工作，過著不怎麼如意的生活。

昨晚同事聚會，飯桌上人手一支手機，唯獨小劉兩手空空。一問得知，小劉早上跟老婆吵架，一生氣把手機砸了。

「她天天自己抱著手機網拍買買買，我打個遊戲不行嗎？」小劉憤憤不平，控訴老婆不讓他玩手機的事。

同事們嘻嘻哈哈安慰他，有人慫恿小劉趁機買支更好的手機，以後玩起來更流暢。在場的人都默認「玩手機有理」，反正是下班時間，閒著也是閒著，玩吧。

但我就很討厭玩手機的人，尤其是男人。一個在手機裡當最強王者的人，現實裡八成只能當個嘴強王者吧？

很多很多年以前，有一個詞叫「網路成癮」，是人們心目中洪水猛獸一樣的東西，要被關起來強行治療的。後來有了智慧型手機，大家都網路成癮，就沒人再提治療的事了。

我們沉浸在虛擬世界不可自拔，或者根本就不想自拔。

玩嘛，當然是你的自由。

玩手機是你不可分割的一部分，是上天賦予你的權利，你可以隨便玩。但問題是——你難道忘了自己是個窮人？

I. 你的一切努力，全都用來玩手遊。

表弟在一家地產公司做行政，過著朝九晚五混工時、晚五朝九打遊戲的美好生活。

什麼遊戲紅他玩什麼。「王者榮耀」紅的時候他是榮耀王者，「吃雞」紅了以後他就天天「吃雞」。SNS上每天曬十幾則戰績，到了假日甚至可以不吃不睡。

二十多歲的大好年華，他卻把精力、體力全都拿來「吃雞」。

由於表弟工作穩定，家人還都覺得這樣也沒什麼問題。畢竟周圍類似的「吃雞青年」，是隨處可見的。

堅強打拚、自我精進、團隊協作、分秒必爭——這些難能可貴的精英品質，只在他們打遊戲時才會出現。

雖然每個人的沉迷程度不同，但事實上業餘時間大約等於遊戲時間，已經成為大多數城市年輕人的生活常態。

只在遊戲中努力，是這個時代最荒唐的病，也是我們的病。

2. 影片讓你麻痺，你讓影片Happy

你每天狂滑影片，就像皇帝選妃一樣爽。花式內容應有盡有，不停地滑，不停地爽。愉悅感和滿足感，在你心底蕩漾，整個世界盡在掌握，幸福好像就在眼前。

看影片、叫外送、看直播、逛網拍……你動動手指，就能享受神仙一樣的待遇。

可是你忘了，你非但不是神仙，連人上人你都不是。

你只是一個普普通通的城市底層人員，做著不怎麼滿意的工作，過著不怎麼如意的生活。

科技進步帶給你最大的紅利，是遠超過你社會地位的用戶體驗。

從樓上樓下電燈電話，到每個桌上都有電腦，再到人手一支智慧型手機。人類科技的每次進步，都讓地底下的老祖宗羨慕不已。

楊貴妃、武則天、慈禧太后就算綁在一塊，也沒你今天這麼舒服過。快樂肯定是快樂，但更多的是麻痺。

在你對著手機傻笑的同時，網路ＫＯＬ的廣告報價已經逼近百萬。你不停地看看看，開心的是他他他。

3. 浮華之下，你還是那個窮困少年。

《大宅門》裡有個不識字的老太太，她對孩子的教育只有一句話：「你將來是想挑大糞還是開銀行？」

過去人們對窮人的印象，就是挑大糞、幹苦力，又髒又累。

現在的城市青年，一個個生活都過得很舒服。上著班，玩著手機，花著薪水，跟挑大糞完全沾不上邊。

但是稍作對比你就會發現：今天的上班族，不就是舊社會的窮人嗎？

雖然你外表光鮮亮麗，打扮起來說是個老闆都有人信，但實際上你只是出賣廉價勞動力的苦工。

產業、資金、地位，這些你都不曾擁有。

你過著的小康生活，是社會整體發展的結果，你所處的階層從未改變。本質上，你並沒改變。

浮華之下，是不斷升高的水溫，和逐漸麻痺的你。

◆

這是最好的時代，中產階層擁有大把機會，他們正在縮小與頂層之間的距離。而那些原本站在頂層的人，則可以盡情享受一切紅利。

但對你而言，這卻是最壞的時代。底層正在被遺棄，階層裂痕不斷擴大。以後再想往上爬，難上加難。

隨著科技不斷發展——比如人工智慧，留在底層的人遲早會變成廢人，再也創造不出任何價值。

別總以為機器取代人類都是瞎扯。

去生產線看看，ＡＩ流水線正在崛起。過去要上百個人，才能撐起來的生產流程，現在可以只留三個人——而且這還是因為是二十四小時輪班制的關係。

所謂人工智障，不過是一句笑談，信了你就輸了。

你說電腦不可能代替人？是，代替是不可能代替的，但它可以減少生產成本，讓你的廉價勞動力失去競爭價值，繼而剝奪你創造價值的一切機會。

這一代出賣勞動力的無產青年，恐怕等不到退休就會丟了飯碗。到那個時候，想起今天的抖音和手遊，不知會有何感想。

這個世界發展得太快了，科技就是二十一世紀的薩諾斯，彈一個響指，腳步慢的人，就真的被拋棄了。

我奉勸你，早點把自己的業餘時間，從手機裡拿回來。未來世界的入場券，限時限量，屆時有沒有你的，心裡要有數。

15

歲月是不是殺豬刀，取決於你是不是懶惰如豬

我向他請教自律的訣竅：「到底怎樣才能逼自己早睡、健身、多讀書？」

他卻回答說：「你想錯了，根本不用逼。」

人們常說，歲月是把殺豬刀。

隨著時間流逝，我們不可避免地變老、變醜、變廢，彷彿一切都不能逆轉，只能聽天由命。

但實際上，歲月本身並沒有那麼殘酷。

動作片《不可能的任務6》上映時，已經五十六歲的主演湯姆．克魯斯，外型風采依舊，動作戲真槍實彈。

在他身上，歲月非但不是殺豬刀，反而是握在手裡的武士刀，刀鋒所指，所向披靡。

飛躍樓頂、徒手攀岩、扒直升機、飆摩托車……一大堆驚險畫面，阿湯哥既不用綠幕，也不用動畫特效，就那麼一次次地玩命拍。

更可怕的是，他還實拍了高空跳傘——這種名叫HALO的跳傘方式，是特種兵動作。它以超高空起跳、超低空開傘而聞名，非常危險。

以往電影中的HALO，都是用綠幕加電腦來完成。

只有阿湯哥，不要命地實拍HALO，而且——拍了一百零六次！

五十六歲，大多數人已經體態臃腫、鬥志全無。歲月吞噬了他們的青春、健康、活力，磨滅掉所有意志，餘下的只有生命倒數計時。

表面上看，一切都是歲月的錯。

但是對比阿湯哥，對比健身房裡活力十足的爺爺奶奶，對比身邊每一個上進的人，你有什麼可抱怨的？

1. 只有面對豬，歲月才是殺豬刀。

前一陣子，網路上瘋傳一組對比照片，男主角是阿湯哥，女主角是他三十年前的老搭檔——時光飛逝，阿湯哥還是魅力四射，女明星卻已淪為大媽。

也許有人會反駁：「男人不易老，歲月毀紅顏。」

那我們看看老年的奧黛麗．赫本；再看看報廢版的基努李維。

可見歲月殺豬這種事，跟性別沒什麼關係。真正決定結果的，是我們自己。

混吃等死的人，每天做重複的工作，吃油膩的食物，玩上癮的手機，熬空虛的夜，睡昏沉的覺。

他們生活的意義，就是一天天變老，然後埋怨變老不好。而上進的人，事情總是忙不完，時間總是不夠用，未來總是更美好。

他們堅持早起，堅持健身，堅持終身學習，努力成為更好的自己。時間帶給他們的，是越來越充實、越來越高級、越來越宏大的人生。

二者相比，高下立見——你是豬，歲月就是殺豬刀；你上進，歲月就是不老藥。

2. 像夢一樣自由，像豬一樣生活。

很多人說：我熱愛自由，不喜歡束縛。

表面看沒什麼問題，但實踐這句話的人，大都把自己活成了豬。

我表妹，立志做自由職業者。

前兩天看到她，穿著一身孕婦裝，然而並沒有懷孕。二十五歲的大好年華，但她整個人看上去卻要老氣很多，滿臉生無可戀。

當年就業的時候，表妹有一套頗為前衛的自由觀：上班是坐牢，死薪水是枷鎖；優秀的人愛自由，愛自由的人不上班。

於是她今天做網拍，明天搞直播。時間匆匆流走，自由是自由了，但是沒有固定工作。天天叫外送、滑手機，不知不覺人胖了，鬥志滅了，精神也越來越懈怠，由此進入惡性循環。

當年那個活潑可愛的元氣少女，就這麼被自由毀了前半生。其實這種錯誤的自由，我們從小就知道它的全稱——自由散漫。

說到底，就是享樂、縱慾、不自律。表面看是自由，本質上是墮落。這種披著自由外衣的散漫習性，非但不能幫人上進，反而會讓人對各種誘惑上癮。

3. 只有自律，才是真的自由。

康德說：自由即自律，自律是最大的自由。

乍聽起來，很像那種不苦一年、苦一輩子的狗血雞湯，鼓舞士氣而已。但隨著年齡增長，我越來越覺得這句話是真理。

我的一位老學長，今年三十出頭，已經是某外商銀行的高階主管。

記得上學時他不善社交，專業天賦也不高，唯一的特點就是很自律。

每天早上跑幾圈操場，在小廣場晨讀，風雨無阻。到了晚上，自習室寫試卷，圖書館看書，天天如此。

據說，他總能在寢室熄燈前五分鐘上床，從不熬夜。

這樣一個自律狂魔，在學生時代是邊緣人，進了職場就會扶搖直上。

我向他請教自律的訣竅：「到底怎樣才能逼自己早睡、健身、多讀書？」

他卻回答說：「你想錯了，根本不用逼。」

一般人看見「自律」這兩個字，想到的都是抵制誘惑、咬牙堅持，拚命逼自己做枯燥的事。

但實際上，自律的本質恰恰是放飛自我。

這種放飛，是一場跳脫於欲望之外、掌握生命主動權的遊戲。

每天晚上，你倒在床上刷抖音、玩手遊的時候，完全不知道幾點能睡，因此你無法保證第二天的精神狀態，難以預先判斷每小時的工作效率。

這種縱慾，相當於把生命的掌控權交給虛無，你本身並不快樂。

一旦你自律起來，你就會知道自己明天幾點會醒、幾點吃早餐、幾點出門。你一定可以預見，自己在上午十點精力旺盛，下午三點體力充沛。

你不再需要抱著手機無腦亂滑。當你想要娛樂的時候，一局二十分鐘的遊戲、幾頁有趣的書、幾段搞笑的影片，全都任你選擇、隨你操控。

一切盡在掌握，這份唯我獨尊的體驗，才叫真的自由。

◆

欲望是感性的，它一旦失控，就會胡作非為；意志力是理性的，它一旦掌舵，就會揚帆遠航。

與其抱怨手機依賴症、拖延症、運動恐懼症、熬夜綜合症，日復一日、年復一年的疲乏無力，不如立刻行動起來，把眼前的一小時搞好。

阿湯哥已經快六十歲了，又帥又能打。你才二三十歲，到底差在哪裡？

16

哪有什麼幸福來敲門，都是自己死皮賴臉去敲開的

那些你羨慕的爆紅背後，你總以為是機運到了，其實都是無數次舉步維艱硬扛的總和。每一份你羨慕的生活背後，總有一份你吃不了的苦。哪有什麼運氣好，不過是別人能撐下去。我們總是羨慕有些人一夜爆紅，走向成功，卻忽視背後我們無法承受的痛苦。

最近舉辦了一次大學同學會，學生時代成績一般相貌普通的林子同學，居然成了焦點。

這位曾經的路人甲，搖身一變，成為某知名企業的文宣部第一把交椅，好不風光。

她還是像以前一樣不愛打扮，戴著眼鏡，文文弱弱的模樣。這時不少人開始感慨了，說著小林總算是運氣來了，撐起了一家子。

在我們吹捧的時候，林子就接了個電話，好像是工作那邊有什麼急事。她連聲向我們說抱歉，出去打了半天電話。

看樣子，是客戶的電話了。

飯菜還沒上齊，她又熟練地從包裡掏出電腦開始放腿上工作。她有些不好意思：「你們先吃，我馬上就好。」

林子說她早就習以為常，她蹲在路邊做過圖，在火車上吃泡麵寫方案，加班到半夜也是家常便飯。

她有過夜晚獨自哭到崩潰的時候，無數次想過辭職放棄，但為了家庭，都還是堅持下來了。

我們都羨慕她工作好，運氣佳，可誰又知道她背後付出了多少艱辛，有過多少泣不成聲的時刻。

每一份你羨慕的生活背後，總有一份你吃不了的苦。哪有什麼運氣好，不過是別人能撐下去。

◆

我們總是羨慕有些人一夜爆紅，走向成功，卻忽視背後我們無法承受的痛苦。

因《北京折疊》榮獲雨果獎，作者郝景芳爆紅，但沒人看到她那些年，被出版社無數次退稿後，深深陷入自我懷疑的樣子。

因《哈利波特》系列小說享譽世界，作者J.K.羅琳全球皆知，可又有多少人知道她在最窘迫的時候，摯愛的母親去世，丈夫家暴，並不顧她的哀求，將她和只有三個月大的女兒趕出家門，婚姻破碎，無法挽回。

羅琳的母親突然去世時才四十五歲。或許羅琳最大的遺憾就是，自己的母親無法讀到自己的傑作。

那段時間她心神不寧，精神也無法集中。哈利的魔法可能只是她逃避殘酷現實的解藥，她需要夢境去躲藏。

她帶著女兒，棲身在沒有暖氣的小公寓，依靠政府的救濟金度日。就是在這樣的背景下，羅琳靠著自身信念，一次次被拒絕卻依然堅持寫作，最後創作出《哈利波特》系列小說，創造了英國出版界的奇蹟。

你看到的羅琳們運氣好，你有沒有想過，自己為什麼運氣不好？因為運氣永遠不會光顧那些只在家裡乾等的人。

那些你羨慕的爆紅背後，你總以為是機運到了，其實都是無數次舉步維艱硬扛的總和。

而你，又憑什麼突然收獲這些好消息呢？憑等待的話，就一直等下去吧。

看著當紅電視劇，看著綜藝節目哈哈大笑，還是躺在床上刷抖音？在沙發上吃著洋芋片喝著可樂，還要感嘆生活真沒什麼好盼望的。

時不時覺得百無聊賴，看了兩篇勵志文，突然醒悟說自己得努力。努力幾小時又倒頭就睡，想著自己已經努力了這麼久，幸福該砸到自己頭上了吧。

醒醒吧，哪有什麼幸福來敲門，都是死皮賴臉求幸福開門的！

有時間羨慕別人運氣好、機遇佳，不如用這份時間好好想想，自己如何才能「求」來這份運氣吧。

17

你覺得無所適從，但你正在適從

我始終認為，鮮花和掌聲，在某種程度上，是可以被更具體地物化的。當你有能力坐在舒適的陽光下，享受生活的時候，你才能把一杯咖啡，喝出歲月靜好的滋味。

你有沒有發現，自己已經開始習慣用插科打諢式的玩笑，來掩蓋日益衰老的內心了？

你有沒有發現，即使理性讓你清楚地知道自己在墮落，感性也會讓你不顧一切地繼續？

你有沒有發現，很多個深夜突然醒來，當你望眼欲穿時，總是覺得有點悵然若失？

朋友，你病了。

有人說，人生有四個境界：不想上學，不想上班，不想上醫院，不想上西天。

你別笑，還真的有人達到了這種境界。

看SNS的時候，發現有一位朋友，他說：「我受夠了，不想上學了，我要回家，躺沙發上吃垃圾食品，一星期不和美國人說話。」

螢幕前的我一臉羨慕，想像過無數種可能：可能他就是個幸運的富二代，可能他就幸運地占據了好多我們求之不得的教育資源，可能他就躺在家裡嘲笑貧窮的留學生為了獎學金名額爭得你死我活……

但人家就是有能力好好的。

大多數人平凡如我們，一樣地躺著，一樣地奢望著好工作，運氣卻不夠好，只是因為窮。

我想，有太多人像我這樣想。

我翻了翻他的個人帳號，有這麼一段話，他說：「你們熬夜的時候，我也熬夜，我在計算下一個專案的預算控制；你們吃飯的時候，我也在吃飯，我在和我們組員，邊吃邊聊下個月的工作計畫；你們唱ＫＴＶ的時候，我也唱ＫＴＶ，我在請潛在客戶唱ＫＴＶ……」

他不是富二代，他也不頹廢，他只是假裝頹廢著。

還有，後來啊，他幾乎去了全世界的ＫＴＶ唱歌。

突然我就明白了，要過著瀟脫、自由、讓人羨慕忌妒恨的生活，前提是，擺脫真實的病態現狀，走下來，走出來，得賺到足夠令你安心的錢。

這個世界很現實，你只有努力，令它柔軟。

我很喜歡那句話：「你所有的偏見，都只是因為你未達到那個層級。」很接地氣。

等你以後住得起高樓洋房，穿得起華衣錦服，噴得起5號香水，你就會明白，你喝杯藍山咖啡，買個LV包包，真是一件再平常不過的事情了。

這就是你的生活常態。

◆

這個世界總是這樣，同樣的起點，同樣的九年義務教育，就是總有些人不停地笑。放心，他們會繼續笑得更燦爛。

他們活著，就是要活得最好，最舒服。他們一路向前，總是走在你前頭，直到你堅持不下去了，就快要墮落快要窒息了，這種懸殊的對比依然存在。

一個永遠只能仰視，一個卻只要輕輕俯首，僅此而已。

是的，現實就是這樣。

當你沒有站在更高的地方，你自然不會看到更遠地方的風景，你更不會明白更多已然合理的人和人生了。

文學家貝克特那句名言怎麼說來著：嘗試過了嗎？失敗過了嗎？沒關係，再去嘗試，再次失敗，敗得再好看一點。

世界上唯一可以不勞而獲的，就是貧窮和沒見識；唯一可以無中生有的，就是夢想。沒有哪件事，不動手就可以實現。

我始終認為，鮮花和掌聲，在某種程度上，是可以被更具體地物化的。當你有能力坐在舒適的陽光下，享受生活的時候，你才能把一杯咖啡，喝出歲月靜好的滋味。

因為你走出了舒適圈，你拚過了，你無悔了，你再也不是那條躺在床上，只會叫外送看言情劇的鹹魚了。

諾貝爾文學獎得主普魯東曾在其作品中無限感慨：「她們變成了奴隸，有怎麼也做不完的活，終日在井沿和漏水的灑桶之間，奔波往返。」她們這一生，碌碌無為，再無盡頭。悲哀，淒慘，但是理所當然。

◆

你是不是還在凌晨三點轉發遙遠城市有人猝死的新聞，再幫自己設定五個起床鬧鐘？

你是不是在聽聞某個朋友得了癌症後感到難過，只在難過之餘，才開始有點擔心自己？

你是不是不聽家人的嘮叨，偷偷在外面吃速食，然後心懷僥倖地說疾病離自己遠著呢？

很多時候你無所適從，但你正在適從。

還要這樣下去嗎？你可以改變這病態的當下，你也可以，一成不變。

我不知道佛系至死的時代，什麼時候會走到它的悲哀盡頭，但我知道，佛，是不會主動幫你實現夢想的。

你看啊，網路新聞的頭條下，依舊有很多光說不做的人，沒有口水的對罵，依然熱熱鬧鬧，可在熱鬧中，我們也該慢慢成長了。

你的生活，不能只有謾罵，不能只有嫉妒怨恨，不能只有隔著好幾個層級的不理解。你總要去完成自己的夢想吧，去告訴世界，你，並不是一條只會混吃等死的鹹魚。

趁陽光正好，趁微風不噪，趁繁花還未開至荼蘼；趁現在還很年輕，還可以走很長很長的路，還能訴說很深很深的思念；趁世界還不那麼擁擠，趁飛機還沒有起飛。

也許自尊會跟你說：「這不可能。」也許經驗會跟你說：「這有風險。」也許情理會跟你說：「這沒意義。」

內心卻在耳邊輕語：「試試看吧。」

18

越埋頭苦幹的員工，越容易被拋棄

沒有人初入職場，就是不可替代的，他們都是在職場生涯中慢慢練習，從「小白兔」慢慢蛻變成「大咖」的。過程中，老闆不會逼你，同事不會逼你，朋友不會逼你，沒人會逼你。

華裔藝術家陳志勇的新作《蟬》，講述了一隻來到人類鋼筋水泥世界的蟬，在打拚中迷失自我的故事。

他像人類一樣，穿著西裝打著領帶，在小格子間裡任勞任怨地工作，他是一名資料輸入員，十七年來，沒有犯過錯誤，沒有請過病假，也從沒有融入到人群之中，他的工作得不到認同，他忍受著同事們的霸凌，得不到應有的福利待遇，也沒有得到任何晉升。

故事的最後，沒有工作、沒有家、沒有錢的蟬，走向了摩天大樓的頂端……

書中的蟬，其實就是我們每一個職場人的縮影：沒有過人的才華和能力，做著最底層的工作，出賣著自己的時間。

但是，由於可替代性太強，沒有多少競爭力，自身隨時有被淘汰的風險。「我把別人喝咖啡的時間都拿來工作了。」魯迅先生恐怕沒有料到，他的這句話，真的在當今職場應驗。

大企業的高工時已成家常便飯，職場上的年輕人們，沒有太多時間花在思考和成長上，每個人都拚命地讓自己忙碌起來，被動地聽從公司的安排，生怕一不小心就遭遇裁員危機。

但即使已經非常拚命，大多數職場人仍舊面臨一個嚴峻的問題：缺乏核心競爭力，不可替代性弱。由於沒有太強的不可替代性，所以拚命讓自己忙碌起來，妄圖用工作量和工作時長，來提升自己的競爭力。

殊不知，這樣是非常錯誤的。機械地重複低價值的勞動，只會過度消耗自己的精力，卻無法讓自己從中得到提升。

「羅輯思維」的主講人羅振宇曾說：「你的報酬不是和你的勞動成正比，而是和你的勞動的不可替代性成正比。」

那麼，所謂的不可替代性，到底是什麼呢？

1. 職位的稀有性。

比如：如果老闆可以從履歷中，找到一個薪資要求是兩萬五的人，來替代你的工作，那麼你的價值最高就是兩萬五。

但如果你處於區塊鏈行業，就大不一樣了。由於前幾年處於風口，對人才的需求量極大，但是有相關經驗的人極少，直接導致很多只有一年相關行業從業經驗的新人，就可以拿到二十五萬月薪，雖然他們在此之前可能並沒有創造過任何價值。

2. 解決當下問題的能力

每個公司都不招閒人，所以每一個職位，都有對應的問題需要解決。問題的數量和難度，都是重要的衡量指標。

比如，公司的地面，每天都需要清潔。但這個工作毫無難度，小學生都可以做，所以清潔工的價值就很低。

再比如，公司的推廣方案，直接影響到公司接下來的發展方向和工作重心，涉及多部門的協調，涉及對外的溝通，涉及團隊合作。這樣的工作，光是調動多人合作，就非常有難度，更別說把握好方案的可行性和效果了。有完成這樣工作的能力，自身價值自然就會提高。

3. 對公司發展的輔助能力

每一個企業，都希望能越做越好，規模越做越大，甚至開拓更多的業務領域。

在職場有句話，能者多勞，能者多得。如果一個人，不僅能完成本職工作，而且對未來規劃的項目有支撐的潛力，那麼他的競爭力就會高出他人一籌。

你的潛力越大，就意味著對公司的價值越高，老闆想替換掉你的欲望，就越低，你的職業發展就越好。

其實，職場從不缺有能力的人，而是缺有「主人翁精神」的人。多為老闆思考的人，不可替代性就越高。

4. 個人的稀有資源

公司的本質是商業合作。大部分員工的資源，都是由公司提供，並協助對接的。這就是我們常說的「螺絲釘」員工，在公司設置好的孔裡，完成自己的固定作用。而如果這個螺絲釘掉了，壞了，只需要換一根即可，沒有差異。

但是很多總監以上等級的員工，都是自帶資源的，這也是老闆開出高薪聘僱他們的原因。公司自有資源是有限的，誰能帶來新的資源池，就能提供新的合作機會。你所帶來的資源越多，那麼你在公司內的根基也就越牢固。

企業是要盈利的，而資源的稀有性，就是你在公司立足的最大底氣。很多人之所以工作多年後，依然沒有太強的競爭力，就是因為得過且過的心態，只是在應付自己的工作、同事、老闆，而不是在考慮自己的長遠發展。

沒有人初入職場，就是不可替代的，他們都是在職場生涯中慢慢練習，從「小白兔」慢慢蛻變成「大咖」的。過程中，老闆不會逼你，同事不會逼你，朋友不會逼你，沒人會逼你。

《奇葩說》裡薛兆豐曾說：「你不是為企業工作，你是在為自己的履歷工作。」只有當你自己意識到，所做的一切都是為自己的時候，你才會真的蛻變。

19

戒不掉這些惡習，會有還不清的債

你驕傲地想，一個人，也可以活成一支隊伍。但你又常常覺得落寞，感覺缺了點什麼。你害怕傷害，害怕看到並不如你所願的人心和一切的不美好。於是，你將自己深深裹藏。

前一年已然遠去，抬頭一看，今年也過了兩個月，而你連年度計畫都還沒有開始列。

人們總是會在開始的時候，一本正經地規劃，想讓自己的一年甚至一生，過得與眾不同，而結束的時候，卻大多潦草收場、一地雞毛。

之前網路上流傳一句話：「現在流的汗，都是年輕時腦子進的水。」所有如今想做而未做的事、想完成而未完成的心願所帶來的挫敗感，都是平時惰性養成的惡習讓你欠下的債。

而這些債，如果你不戒掉這六項惡習，是永遠還不清的。

1. 不愛自己

說不愛自己，很多人或許會搖頭，怎麼會呢？我最愛自己了呀。

那麼，請問你，你是否有這樣的時候？

凌晨已過，你還在一遍又一遍地滑著SNS，和私訊裡的他（她）聊得火熱。你還在為電視劇的一個情節發展想得心癢癢，為到底要不要繼續追電視劇的下一集而糾結。

你和哥們兒在酒吧裡天南海北地胡聊海喝，香菸的薰陶和酒精的麻醉讓你獲得片刻滿足。你想睡到自然醒，可是經過一夜的時間，酒精的作用已經消失殆盡，你已經清醒地認知，你必須回歸現實，你要工作。

於是，你匆匆在路邊攤買了幾十元的蔥油餅，狼吞虎嚥吃進肚裡，去了公司。

有些時候，你實在太睏，想多睡五分鐘。就因為這五分鐘，你錯過了班次合適的公車，你又捨不得搭計程車，只能空著肚子，擠進了下一趟公車。

早睡，對你來說永遠是無法企及的夢想，近在咫尺卻遠在天涯。你永遠都控制不了自己劃向螢幕的右手和費力睜大的雙眼，你也抗拒不了酒精的誘惑和哥們兒一次又一次的盛情相邀。

2. 不求上進

你每天都很努力地上班下班，說到這裡，你或許正頻頻點頭。但你從來都是只求過得去，不求過得好。你對自己，有過低的標準和要求。

別人花了兩個晚上加班完成的方案，在會議上收穫一片好評。看他慷慨陳詞、激昂奔放，你在心裡暗暗罵了句「有必要嗎？」

總公司的升職考核，別人準備得昏天黑地，看他第二天頂著大大的熊貓眼來上班，剛好睡到自然醒的你調侃：「慢慢來，在哪不是混？」

比你還晚幾年入職的小女生拚命讀書，考取了司法考試的A證，你工作那麼久，卻還沒拿到C證。就因為對於下班後的三個小時，你們選擇了截然不同的方式度過。

3. 懶得動

經過了一個冬天的蟄伏，你肚子上的「游泳圈」又多了一圈。馬上到來的春天和步步緊逼的夏天讓你無限惶恐。

你有模有樣地辦了健身房會員，買齊了瑜伽墊、運動鞋、運動水壺……連揮汗如雨後用來擦拭汗水的毛巾你都買了好幾條。

可你只稀稀落落地去過零星幾次，你總有不能堅持的理由：上班太累了，外邊太冷了，有應酬了，健身房離家太遠了……

一層又一層的脂肪，在厚重棉衣的包裹下悄無聲息地膨脹著。夏天很快就來了，看著身邊婀娜的小蠻腰們在你眼前晃來晃去，你只能用寬鬆的休閒裝來遮蔽你那越來越壯觀的「游泳圈」。

你只能在櫥窗前，痴痴地欣賞緊跟潮流的修身服飾，想像它們穿在你身上的樣子。你也只能在男朋友嫌棄的眼神瞥過時，從心底泛起一絲無奈和氣惱。

4. 沒什麼愛好

不知從什麼時候開始，你的愛好成了窩在沙發裡抱著iPad打遊戲，或者對著手機追劇。

你的手機被各類外送APP充斥，你懶得為自己或者他（她）下廚，做一頓也許並不美味的晚飯。

你對網路上分享的各色花式的愛心早餐嗤之以鼻：「誰能這麼早起啊？」

陽臺上的花草，你忘了澆水，有幾片葉子已經發黃枯萎，蔫蔫地垂在花盆邊上。

有些睡不著的深夜，你也想寫一行字，記錄下自己的心情感悟，提筆，卻無語。你想起了剛畢業的時候，為了學英語，你看了三遍英語版的《六人行》，那些自己找虐的日子，也別有一番風味。

你硬生生將一個生龍活虎的年輕人活成了一個無欲無求的垂垂老者，將本該豐富多彩的質感生活過成了粗糙乏味的樣子。

5. 沒有自己的社交圈

很多時候，你總是一個人。懶得社交，懶得交流，你覺得聊天APP裡那一個個斑斕多姿的頭像，足以滿足你的社交慾，和他們聊天，你很安全。

你很少主動聯繫朋友，邀請他們聚會、吃飯、聊天。你對SNS上那些分享合照、用美顏濾鏡的閨密們不屑一顧，心裡想著，「多假」。

你驕傲地想，一個人，也可以活成一支隊伍。但你又常常覺得落寞，感覺缺了點什麼。

你忘記了你就生活在這個真實的煙火世界，這個世界沒有人是一座孤島，沒有哪一款APP，能代替朋友間面對面、心貼心的交流。

你害怕傷害，害怕看到並不如你所願的人心和一切的不美好。於是，你將自己深深裹藏。

6. 對生活沒有儀式感

村上春樹的「儀式是一件很重要的事情」這句話沒有讓你產生一絲共鳴。你覺得生活就是柴米油鹽，哪來那麼多花俏的東西。

你絕不會在情人節送給她一束玫瑰，你覺得那是浪費。你忘記了你們的許多紀念日，讓滿心期待的她失望不已。你甚至忘記了自己的生日，在家人欣喜提及時，卻厭倦地唸著，年年過節有什麼意思？

你不明白，生活除了柴米油鹽，還有詩和遠方，保有儀式感，是每一個熱愛生活的人所需要做到的事。

你不知道，儀式感，如平凡生活的調味料，能讓我們體會生命的多彩，經歷不一樣的人生。

◆

人，是惰性極強的動物。習慣性地把自己調適到最舒適慵懶的狀態，是本能。

春天即將到來，不如對自己身上的惡習果斷揮刀，斬斷它們滋生延續的根脈，拂去遮蔽我們雙眼的塵埃。

如果，沒有開始時的痛下決心和一直以來的奮力堅持，就只能吞下結束時候放縱自己的惡果。

20

躺著很舒服，但會讓你變得虛弱

碎片化閱讀，所帶來最多的不是知識，而是新鮮感。當你觸碰到一個從未了解，或者是了解不多的領域，就如同小孩子看到了新玩具一樣。可你卻不會去深入研究，因為那樣就會失去新鮮感，沒了樂趣。

在現代社會，我們越來越適應高資訊量的網路時代，紙本化的閱讀越來越少。

書中的顏如玉，遠不如網路上的「精神毒品」更有吸引力。

馬雲說：「辦公室的書架上放書，那是給別人看的。」

王健林回應：「不看書就不看書，這這這……還說那麼多……」

不管是馬雲所說，還是王健林所說，不管誰說，不讀書這種事現在太過於常見了。

閱讀習慣已經漸漸離我們遠去，無論是小孩子還是成年人。即便丟了所有，也不能丟了手機。

在網路時代裡，文學熱潮早在幾年前就已經退卻，在網路上倖存的也只能說是「網路小說」了。

◆

近些年一些自媒體索性重拾起了文字，頑強地與影音頻時代進行對抗，而我們看到的這種讀書熱潮，可能更多的是「碎片化閱讀」。雖然不知道這「專業名詞」是誰發明的，但是現在都這麼叫。

什麼算是碎片化閱讀？比如有些人說透過網路平臺能學習到很多東西，了解自己領域之外的知識。所以常常逛特定網路平臺想從中獲取知識，這種方式就被稱為「碎片化閱讀」。

碎片化閱讀有用嗎？不能說沒用，只能說效果略遜，遠不及透過讀書來獲得知識更能讓人對知識印象深刻。

碎片化閱讀，所帶來最多的不是知識，而是新鮮感。當你觸碰到一個從未了解，或者是了解不多的領域，就如同小孩子看到了新玩具一樣。可是你卻不會去深入研究，因為那樣就會失去新鮮感，沒了樂趣。

不讀書亦是如此，有人說讀書是十分枯燥的，也可以從現代家庭中看出，許多家長督促孩子學習，自己卻在一旁玩著手機。

有人常常幻想，如果現實的世界，是小說裡面的世界就好了。自己一定會苦練武功，到時候想要女人有女人，想要金錢有金錢，想做什麼就做什麼。

但事實證明，你無法獲取那些財富，甚至於想破腦袋都想不出如何去賺錢。

你想著如果是小說世界，自己一定會苦心修煉，上刀山下火海。現實社會沒有那麼可怕的修煉方式，公認的最簡單最便捷成為「武林高人」的方式是學習與閱讀。捫心自問，你做得到嗎？

沒有幾個人能沉下心去進行「修煉」，這世界對於大多數人而言還是公平的，至少現在是公平的。

你呢，在新手村拿著小木劍，是選擇在村裡面日復一日的殺雞，還是走出新手村闖出自己的天地？富二代就像是進入遊戲就能獲取首批封測資格的玩家，再厲害一點的，也不過是各種課金，各種經驗加倍。

在遊戲界有句話：如果沒能力課金，就要在土豪玩家下線的時候，拚命去「肝」。

不過怕就怕，人家不僅課金，還比你更能幹。

◆讀書這種事，放眼世界，大家都公認是最有效的提升自己的方法。

有人說每天的工作壓力太大，能用來閱讀的時間越來越少，或者說根本沒時間去閱讀。

不得不說，這個社會前進的腳步邁得很大，很多人都跟不上。你以為還可以像過去一樣，不讀書，大不了就去當兵嗎？

沒時間讀書這種藉口法實在經不起檢驗，你能騰出時間去跟曖昧對象聊天，能擠出時間去抽菸，還能躺在床上玩手機打遊戲到深夜，你說你沒時間？

還有更扯的，就是被問到為何不去看書時，你竟然有臉說「晚上看書對眼睛不好」。

時間擠擠總是能有的，而看書？就算拚了老命也擠不出一點時間。

書中的知識往往是慢慢滲透進一個人的頭腦中的，可絕大多數的人，不願意去等待那麼久。

太多人已經習慣了速食文化，浮躁的內心，早已無法獲得片刻安寧。沒有鮮明的刺激感，就否定了讀書的重要性，並且選擇那些能夠快速使自己腦細胞活躍的東西。

這樣做的結果？一陣「哈哈哈」和「666」的彈幕喧囂後，留給你的恐怕只剩一地雞毛。

還是去讀書吧。讀書無關年代，不講年齡，不分日夜，無謂假期。毫不誇張地說，在如今這個知識至上的時代，「詩與遠方」、「商機與自由」、「機遇與金錢」都可以在閱讀中找到。

PART 3

別用嘴上的佛系，掩飾你內心的焦慮

21

你不是佛系，你那是不思進取

當年覺得「歲月靜好，現世安穩」頗有詩意，如今再看這不就是逆來順受、渾渾噩噩嗎？

這兩年，突然就流行起了佛系生活。所謂「佛系生活」，就是把佛祖無欲無求的概念偷換到自己身上，常常自稱為老阿姨、怪叔叔，然後開始吐槽自己禿頭，開始使用保溫壺泡菊花泡枸杞，還有一整套的詞：

佛系交友，按讚皆緣，愛心鼓勵；佛系考試，不問成敗，重在參與；佛系食客，吃啥隨便，永不挑剔；佛系健身，公園走走，到處瞧瞧；佛系上班，安安全全，平平淡淡……

總結下來就一句話：有也行，沒有也行，不爭不搶，不求輸贏。

◆

「佛系」這個詞突然紅起來，想必是因為第一批一九九〇後出生的年輕人經過這幾年社會的洗禮，逐漸認清了社會的本質、工作的本質、婚姻的本質等等真相，在時代的車輪下無力感劇增，於是選擇了這樣一種心態：我無力，我無所謂，我不在乎，我逃避。

所謂的佛性，我覺得說白了就是當鹹魚，還要補一句就算當條鹹魚，也要做最鹹的一條！

其實這群年輕人最大的也才三十歲，但邁入社會這幾年，逐漸開始認清社會的殘酷和人性的複雜，知道了現實和夢想的差距。

從一開始抗拒加班到後來安慰自己：「也蠻好的，回家也沒事做，在公司待一下吧。」

遇到不講道理的客戶，從一開始據理力爭到後來「好好好，您說得對」。

不再和爸媽吵架互相傷害了，心裡知道「誰都不容易，人生苦短」。

當年覺得「歲月靜好，現世安穩」頗有詩意，如今再看這不就是逆來順受、渾渾噩噩嗎？

稜角逐漸磨成橢圓，「我想要」逐漸變成「隨便吧」，正如那首〈老男孩〉歌詞寫的那樣：生活像一把無情刻刀，改變了我們模樣。

這波佛系，或者說厭世文化的盛行，可以說是這代年輕人，對自己所無力改變的世界，最後的一點消極反抗。

◆

不過要我說，你們也不用那麼消極絕望，生活雖然沮喪，但也不至於毫無驚喜。

而且我還發現一個現象：雖然很多人在SNS上說自己厭世，轉發各種佛系文章並配上文字「沒錯是我本人」，但這群人厭世完了卻馬上就無比熱愛生活地偷偷努力去了，你可別以為他真的一直厭世。

過段時間他們很可能一不小心就考上研究所或者升職加薪當上CEO迎娶白富美走上人生巔峰了，這和中學時代半夜偷偷複習第二天告訴你沒看書沒考好的基本上是同一群人，你們可別上了他們的當。

偶爾厭世一下緩和自己的小情緒就夠了，你們都是為了一頓燒烤、一次火鍋、一桌熱炒、一杯奶茶會去排幾小時隊還放上SNS的年輕人，現在的生活能絕望到哪兒去啊。

等你們熬到中年，真的油膩禿頭了，那時候才知道什麼叫厭世呢。

22

你這不是憂鬱，是沒錢和缺愛的正常表現

憂鬱症是看事情悲觀，本來好，卻認為不行。你是本來就過得不如別人。所以，你們根本就沒有憂鬱症，你們只是在怨天尤人，生活不如意，都是自己造成的。

1. 不要來一場說走就走的旅行。

歸來後，除了該做的事被拖延更久了，什麼都沒改變。

我討厭信用卡，之前的全剪卡了，因為我討厭提前透支幸福。

生活也一樣，你完成了讓人矚目的事業後，完全可以提前十幾年退休，然後說走就走，因為你提前完成了人生想要完成的目標。

在這之前，請別浪費自己的精力。有些東西如果還沒到你該享受的時候，就別碰。每次看到諸如遊遍某某國家不用一萬元這種話題，都想回一句，窮就別作白日夢了。

2. 不要把你的不成功歸納為懶，懶是無辜的。

你的不成功，不是因為懶，懶是可以克服的。

你只是腦子比較弱（笨），沒辦法長時間進行高強度的思考，去解決邏輯太複雜的問題或處理太龐大的資訊。所以你自己主動就放棄了，就退縮了。

小時候沒少聽過諸如誰誰誰家那孩子就是懶，要是好好讀書肯定怎麼怎麼樣，一頓天花亂墜的吹牛。家長們說這些都是為了互相比較找優越感，你要是真的信了，那就是蠢。

不信？你試著勤奮一下，看看自己是不是從好吃懶做一事無成變成忙忙碌碌一事無成。

3. 對備胎最完美的詮釋。

優秀的人在脆弱（比如戀愛失敗、工作不如意）的時候，會需要比平時更多的關愛，於是會和更多的人交流。如果對方在恢復正常後，回到了自己原來的圈子，不再理你，請你不要覺得奇怪。

別信奉見縫插針的理論，不是你的終究會離開。當你覺得自己被欺騙了，還不如說是你自己欺騙自己，這很丟人。

4. 吹牛總是最容易的。

有段時間，我的SNS上有兩群學生在激烈爭論：一方認為應該利用業餘時間去旅遊、去流浪、去支援偏鄉教育，盡情體驗生活；另一方認為業餘時間應當用來學英語、考托福、實習，為職涯做準備。

兩派人馬公說公有理婆說婆有理，爭得難分高下。

如今再看，這兩種人沒什麼區別，第一種沒有去旅遊，第二種也沒有去學英語，他們的業餘時間都用來滑SNS了。說到這裡，我就想起那些整天在我文章下面說這篇不夠毒那篇不夠狠你應該這樣這樣否則那樣那樣的自命不凡的熱心網友，也不知道現實裡他們到底在做什麼，八成是在用Andriod手機轉發最新一代iPhone抽獎的消息吧。

5. 相由心生，顏值就是正義。

幾年前網路上有女生寫道：不知為什麼，每次有醜男看我，我都感覺他很猥瑣，非常反感，但帥哥看我我就感覺很好。今日又看到有男生寫：我發現我老是喜歡搶著幫漂亮女生的忙，不自覺地就會問她需要什麼，但每次醜女要我幫忙，我就想說：「你自己不會做嗎？」

然後我就想了想自己，發現我也是這樣。加我通訊帳號的人很多，我只挑了一部分加，對，就是頭像比較美、比較帥的那些。

6. 不要透過高檔消費來營造自己高收入的虛擬假象。

SNS上總會有人時不時分享一些奢侈品或者很高檔的活動。實際情況是這樣的：他們有一對厲害的爹媽或者有一對平凡的爹媽。前者有本錢，後者沒本錢。前者坑父母，後者啃父母。

一個人只要不腦殘，對他自己辛苦賺的錢，是絕對不會大手大腳去用的，因為他們知道自己的每一分錢都是血汗錢。

隨便翻翻好友列表裡真正事業有成的人看看，他在SNS上是整天曬鈔票還是整天曬公司動態啊？

7. 你不是憂鬱，你是沒錢和缺愛的正常表現。

你去找心理醫生看憂鬱症，他聽完你的陳述，說道：「如果你說的都真的話，你這不是憂鬱症……」

憂鬱症是看事情悲觀，本來好，卻認為不行。你是本來就過得不如別人。所以，你們根本就沒有憂鬱症，你們只是在怨天尤人，你們生活不如意，都是你們自己造成的。你們只是在意淫妄想，如果你能每天照照鏡子，就不會得憂鬱症，就會心安理得。

8. 為什麼總是「我弱我有理」？

敏感是怎麼回事？同樣一件事情，自己比別人更容易把它視為挫折。脆弱是怎麼回事？同樣的挫折，讓自己產生的負面情緒比別人更多。憂鬱是怎麼回事？同樣的負面情緒，自己從中恢復過來比別人要花更多的時間和精力。弱者是怎麼回事？集齊敏感、脆弱、憂鬱三種問題情緒的精英人士，這麼厲害的人，可不是說什麼都有理嗎？

9. 每天思念著不該思念的人，做著與現實無關的事。

羨慕著有錢人的生活，沒自己的房子，沒自己的車，卻還無視現實，刷爆皮夾裡的卡，買來一系列名貴衣服和高級化妝品，靠那些外在滿足自己的意淫。

你每天早起一小時，去公司把一整天的工作都安排好有多好。你一直都在做錯誤的事。也難怪思念的人不屬於你，誘人的物質與你無關。

10. 看見平凡，才是唯一的答案？

一轉眼，這一年又過半，一事無成，一塌糊塗，一路迷茫。等待你的不會是新的篇章，除了每日按部就班日復一日無可奈何地過活，你還指望有什麼改變？

去年的十二月你又在幹什麼？每年過得就是這麼快。快到你還來不及去改變，人就又老了。

現實就是這麼無情，如果你沒勇氣去探尋自己的原罪，那麼隨波逐流地老去，也挺好的。

23

談錢很俗氣，但沒錢也是萬萬不行的

事實上只有談錢的人，才是可靠的人、坦蕩的人，職場跟感情也一樣。這些不談錢的人，在你面前繪藍圖畫大餅，滿嘴說著理想，其實最後一分錢也沒到你手裡，要你辦事最後還晃點你。

發現了一個現象，很多人都是羞於談錢的，一談到錢就會覺得不好意思。總覺得自己沒能力，也沒自信和別人談錢，但事事都不談錢的後果，就是真的沒有錢。

可以看看SNS上那些歌頌生命快樂、鄙視別人努力工作、批判金錢罪惡的人，大多是些什麼貨色。

歸根到底，事事不談錢說錢不重要，是處於低位的人，因為自卑的心理，想透過口頭吹牛讓別人瞧得起自己，好威風一下，但這更凸顯了他們的無知和可憐。

有個男性朋友，五年前認識他的時候，他在創業。

我當時問他做這個事情能不能賺錢，他回答我，一開始不要只想著錢，要享受這個過程，只要說明到讓客戶了解，後續錢自然會來。

結果我前兩天見到他，他還是和五年前一樣，坐在出租房裡的老舊電腦前，快樂地為客戶奉獻著光和熱。

沒有結果的過程，都是白費。

◆

作家楊昌溢說：「『錢不重要』這句話，只能對未滿十八歲的人說，只要獨立生活了，需要花錢的地方，無處不在。」

剛走出校門的時候，我也是個理想主義者，覺得談錢太庸俗，詩與遠方最重要。

可是當我真的開始經濟獨立，不再向家裡伸手要錢了，才明白精神上的自由，一定要建立在經濟基礎上。

想要活得好，就一定要談錢，有錢了，生活才有更多選擇。錢是庸俗的，卻也是有溫度的，是最基本的依靠和保障。

愛談理想，裝神弄鬼，告訴你錢不重要，物質不重要的人，都是騙子。誰這麼跟你說話，你就叫他把他「認為不重要」的錢給你。因為有錢才能讓你體面地活著，有錢才能做自己喜歡的事。

這社會只看結果，你思想再高尚，如果沒錢，也無法有尊嚴地活著。

很多人一談錢就變臉，立刻醜惡嘴臉相向，不談錢還好說，就是不能認真談錢談利益。

事實上只有談錢的人，才是可靠的人、坦蕩的人，職場跟感情也一樣。這些不談錢的人，在你面前繪藍圖畫大餅，滿嘴說著理想，其實最後一分錢也沒到你手裡，要你辦事最後還晃點你。

先把錢談好、把利益分配好的人，反而誠實可靠。

放眼望去，那些商業大佬、導演明星，哪個不是事先把錢談好，把合約簽好再開展合作的？私交再好，也要親兄弟明算帳，私交歸私交，利益歸利益。

只有事先把利益分配清楚，才能省下以後因帳沒算清而斤斤計較的精力，實現良性循環，強強聯合，齊心協力把路越走越寬。

最後即使失敗了也能落下一個「買賣不成仁義在」，大家還是好朋友。

◆

沒有錢的時候，錢確實太重要了，人一定要為五斗米折腰，學會利字當頭，不要不好意思。

君子愛財，取之有道，只要是從正當管道賺來的錢就是本事，是無可厚非的。

光明正大地賺錢，自然會被越來越多的人尊重，不能說錢不重要，千萬不要羞於談錢。

羞於談錢，與世無爭，連進人生競技場的資格都沒有，好的待遇是要自己厚著臉皮去爭取的，不懂爭取畏畏縮縮的人，遲早會被淘汰。

這是一個弱肉強食的社會，只有敢為自己利益抗爭的人，才能通吃通贏。

不思進取、羞於談錢的人，在現實生活中只能成為錢的奴隸。

◆

說窮富都一樣、平平淡淡的，那是有錢人洗盡鉛華歷盡繁榮之後，晃點年輕人的話。

很多人明明貧困交加了，還開開心心地跑去喝這些雞湯，結果雞沒了，湯也灑了。

吳爾芙在《自己的房間》裡寫道：「希望你們可以盡己所能，想方設法給自己賺到足夠的錢，好去旅遊，去無所事事，去思索世界的未來或過去，去看書、做夢或是在街頭閒逛，讓思考的魚線深深沉入這條溪流中去。」

如果沒有錢，連你的詩和遠方，也不過是黃粱一夢罷了。

看重錢的力量，就是尊重自己。

明白錢的意義，絕不是一張張紙，而是它能換來的生活。

24

生活已經很苦了，不要再讓自己受委屈

「世間有人謗我、欺我、辱我、笑我、輕我、賤我、惡我、騙我，如何處置乎？」「只是忍他、讓他、由他、避他、耐他、敬他、不要理他，再待幾年，你且看他。」「看過了，他過得比我好多了。」

「吃虧是福」，這句話相信大家都不陌生，「忍一時風平浪靜，退一步海闊天空」，很多人從小也是被這樣教育著長大的。

但我想說，在現實生活中，很多時候，吃虧和忍讓都並不能換來理解，反而是變本加厲的欺負。

我上大學的時候，很多人喜歡玩網路遊戲，不少男生天天沉浸在遊戲氛圍中，寢室堪比網咖。

可並不是每個人都喜歡打遊戲，更不是每個人都受得了晚上鍵盤劈哩啪啦地響，還時不時地吼幾聲、半夜都沒辦法休息的寢室環境。

剛開始大家不熟，也不好意思斤斤計較，實在忍不住了會善意地提醒那些打遊戲的同學，請他們盡量注意一下。可後來大家發現，提醒根本沒用，那些打遊戲的同學依然我行我素，全都一副死豬不怕開水燙的架勢。

時間久了有人忍不了了，他們開始在校園論壇上發文抱怨，越來越多學生加入了聲討大軍，最後他們聯名向教育局寫了一封投訴信，表達對學校管理制度的不滿。

最後，逼得學校緊急出了新規定：晚上十一點之後斷電斷網。這下，大家都能好好睡覺了。寢室之間也再沒有因為打遊戲的事出現過紛爭。

◆

我的一個女性好友，被一個同事告白。接觸了幾次發現不太合適，就沒再繼續。

可是這男的不死心，SNS上發出各種曖昧的話，表現自己多麼一往情深，回憶兩人往日親熱的點滴（當然，內容都是編的），一副痴情暖男的人設，看得同事們都覺得女生不知道珍惜。

後來他不知道是不是走火入魔了，更變本加厲，完全沒有退卻的意思。為了讓別的男生都遠離她，到處胡說兩人現在同居，弄得朋友一度都憂鬱症了。

後來有個朋友出了個大招：要她把公司所有人包括大老闆都拉到同一個群組裡，把同事的騷擾截圖，事實真相全部發出來，要求這男的當面對質，並標註了公司老闆問該怎麼處理，還給公司扣了一個大帽子——我們公司男員工性騷擾女同事，公司不管不問，那只能求助於網路曝光了。

老闆一臉茫然，但是顯然不想給自己惹麻煩，很快就找這男的談話了。

這回大家都知道怎麼回事了，男的面子掛不住，在這家公司是沒辦法待了，沒多久就灰溜溜地辭職了，騷擾當然也沒了。

◆

我們社區的管委會群組一直很安靜，上個週末卻突然熱鬧起來。點進去一看，原來是社區東區莫名多了幾個四公尺高的三角形廣告牌，嚴重影響了周邊幾棟樓的採光。

一方面，增加任何設施，都是需要管委會同意的，而我們社區內的這幾個看板，建起來之前卻沒有給我們任何通知；另一方面，這個看板的收益又是誰的？憑什麼免費放在我們社區內？

群組裡的鄰居們一討論，發現這顯然是物業公司為了牟取額外利益，私自設立的，氣憤之餘大家都不知道該如何解決。

好在其中一位成員，有過法律諮詢經驗。在他的指引下，管委會成員開始輪流向市長熱線反應問題。

由於短時間內收到大量檢舉電話，僅僅四小時後，拆除通知就來了。

這三件事互不相干，但卻以相同的手段達到了期望的結局。

◆

以前我寫過這樣一個橋段：

「世間有人謗我、欺我、辱我、笑我、輕我、賤我、惡我、騙我，如何處置乎？」

「只是忍他、讓他、由他、避他、耐他、敬他、不要理他，再待幾年，你且看他。」

「看過了，他過得比我好多了。」

我們從小到大接受的教育都是，家長老師們，都極力反對用「以暴制暴」的方式解決問題。但有些人，根本無法溝通，你跟他講道理，他跟你耍流氓，溫和的方式根本沒用，只會讓對方得寸進尺。

為避免這種窩囊事發生在自己頭上，捍衛自身的正當權利，有時候你就要強硬一點，吃虧不是福，學會反抗和保護自己才是。

25

炫耀是一面自卑的鏡子

每個人都是周圍人的一面鏡子，沒有人能夠平靜地接受自己是人群中的失敗者，沒有人甘心做襯托別人的背景。情感是守恆的，你從別人身上得到了一份成就感，別人就會從你身上得到一份挫敗感。

作家亦舒說：「真正有氣質的淑女，從不炫耀她所擁有的一切，她不告訴人她讀過什麼書，去過什麼地方，有多少件衣裳，買過什麼珠寶，因她沒有自卑感。」

亦舒早就已經告訴我們這個道理：過度炫耀的人是自卑的。

我曾聽過這樣一句話：「我真心希望你過得好，但也真的希望你過得沒我好。」

甚至我曾聽過這樣一種觀點，每個人身邊都要有一個某些方面的條件不如自己的朋友，這樣的友誼才可以長久。因為每個人都需要一些認同感，都需要一點優越感，以便讓自己的人生顯得沒那麼苦悶。

炫耀是一種人之常情，但過度的炫耀則是一種病態。

有的人炫耀只是為了獲得他人的認同，懂得適可而止。但過度炫耀的人不是，炫耀已經成了他們生命的重心，勢必要在比較中取得勝利，沒有得到他人的誇讚，他們的努力彷彿就失去了意義。

自卑雖是與驕傲相對，但實際上卻與驕傲最為接近，炫耀是自卑的一面鏡子。

內心深處存在自卑感的人，往往有著過強的自尊心。越是自卑的人，就越擔心他人嘲諷自己的不足，就越需要透過證明自己的優秀來掩蓋內心的恐懼。

他們試圖透過炫耀自己，獲得他人的崇拜，甚至透過貶低別人來證明自己的優秀，找到自身存在的價值。而這樣的人通常會讓自己陷入無盡的焦慮與痛苦之中，人生也會變得緊繃與壓力十足。

因為只有不停地超越別人，才能獲得炫耀的機會，為了持續獲得別人的崇拜，只能時時刻刻處於備戰狀態不敢停下來。

但是自我的能力總是有限的，人們無法在各方面都超越別人，更不可能去抑制他人的進步，一旦失去了優越感，將會陷入焦慮甚至崩潰狀態。

我有一個朋友，她有著優渥的家境、愛她的老公和不錯的外貌，前段時間她又跳槽到一家百大企業，她的生活已經讓很多人羨慕了，可沒想到她卻並不快樂。她因為童年的一些經歷，內心有些自卑，需要他人的肯定來獲得自我認同。

但是百大企業裡的優秀人才比比皆是，雖然她已經很優秀了，但在現在的環境中只是一個中等偏上一點的普通人。

她開始害怕，她不停地盯著別人的優點，不停地和他人比較，試圖成為最優秀的那個人，可是即使她已經很努力，也沒有辦法在短期內超過他人。

於是，她開始過分誇大自己的優點，同時不停地貶低別人，在條件不如她的人面前炫耀，試圖找回自信。

可是這種行為非但無法使她獲得他人的羨慕，反而讓她得到了疏遠和厭惡，沒多久她就因為被同事疏遠，工作不順心而自請離職了。

◆

每個人都是周圍人的一面鏡子，沒有人能夠平靜地接受自己是人群中的失敗者，沒有人甘心做襯托別人的背景。

情感是守恆的，你從別人身上得到了一份成就感，別人就會從你身上得到一份挫敗感。

不顧他人的感受過度炫耀自己，會讓別人失去和你相處的舒適感，會讓別人漸漸遠離你，而最終你也會迷失和傷害自己。

有自卑感的人大多數會為了取得優越地位，而加深自己的錯誤。這種自卑感和焦慮感，不僅害了自己，還傷害了愛自己的人。

我那個朋友失去了工作，不過依然可以憑藉優越的家庭條件和會賺錢的老公衣食無憂。但是，她反而更焦慮了，甚至和老公的感情也陷入了危機。

離職後休息在家的她並沒有真正放鬆下來，而是把她自己那根緊繃的弦轉移到了老公身上，她開始不停地拿老公和別人比較，不停地督促老公上進。

她老公本來對現在的生活很滿意，也很快樂，但在她的逼迫下也陷入了煩躁和壓力中。

自卑感的產生，是因為沒有正確的自我認知。忽視自己的優點，誇大自身的缺點，在內心深處認為自己是一個不夠優秀的人。

每個人總是以他人為鏡子來認識自己，但自卑的人只能看到他人的優點，並不斷地拿自己的缺點和別人的優點比較。

就像我的朋友，她會因為自己的一點不足而陷入自我懷疑，只有當大部分的面向都強於別人時，她才能感到舒適感和認同感，這是因為她沒有客觀地認識自己。

要知道，沒有任何一個人能夠比所有人都優秀，沒有缺點的人不是一個完整的人，學會客觀地評價他人和自己，學會接受不完美的自己。

努力地追求優秀會讓你更強大，但是比起做一個優秀的人，更重要的是做一個幸福快樂的人。

痛苦和焦慮逼迫下的成功，其實也是一種失敗。學會接受自己，真誠地讚美自己。

愛自己的人，才會得到別人的愛。

26

「什麼時候該買奢侈品？」「當你覺得它不貴的時候。」

什麼都不做，每天就幻想著霸道總裁愛上你？能當上霸道總裁的，腦子可沒你這麼不靈光。

今天就是一年一度的七夕情人節了。

現在除了清明節，其他的不論什麼節，都能過成情人節，而且過節方式都是買買買……

畢竟「儀式感」不能少，最能簡單粗暴表現儀式感的，只有鈔票。

至於這些節日原本的慶祝方式是什麼，不重要。

和所謂的「儀式感」以及節日慶祝方式一起走偏路的，還有所謂的「女權主義」。

現在許多為新時代女性發聲的自媒體，為了搏版面，真是什麼鬼話都敢講。

諸位的SNS上，一定出現過諸如〈不買YSL給你的男友就是不愛你〉、〈找個捨得為你付出全部的男友才會幸福〉之類的熱門文章。

每逢重大節日，這些文章都會換湯不換藥地招搖過市一遍。

它們的主要觀點和邏輯大概是這樣的：男生就應該無條件為女生花錢，捨不得就是渣男；男生就應該鞍前馬後，任勞任怨，什麼，你做不到？

那你活該被甩，活該沒有女朋友；男朋友就應該記得住女朋友的口紅色號、日常喜好、各種紀念日，不知道？分手！

不可思議的是，這些觀點居然會有大批擁戴，甚至還要逐條對照嚴格執行。

然而，這些腦殘觀點，不過是自媒體為了蹭熱度在秀下限而已。人家的主旨是賺錢，才沒有什麼「指導你人生的責任感」。

你要是信了，還把這些當作人生信條，那你本來就很鹹魚的人生只能更糟。

◆

想要擺脫鹹魚人生，最重要的是要轉變思想，重塑三觀。

首先我們需要對「女權」有正確的認知，忘記女權自助餐的這些奇葩觀點。

不論「男權」還是「女權」，都不屬於特權，任何事都應該是和諧平等的。愛情是互相成就，互相欣賞。不能是一方不斷索取，另一方不斷付出。

設想一下，你要是個男的，會不會喜歡現在這樣又窮又裝模作樣的自己？願不願意為了這樣的女生無條件付出一切？你都不能肯定，憑什麼要求別人無怨無悔？

無論什麼時候，都請優先加強自己的賺錢能力，想要的東西自己要有能力買。

大清亡了好些年了，但是在當今這個時代，還有不少女生抱著找「長期飯票」的心態找男友，這一點也是相當落伍。

我之前寫過，所謂真愛也是充滿銅臭味的。

你是什麼樣的人，自然就可以吸引到什麼樣的人。

你自己是個弱者，能看上你的也不會是什麼「潛力股」。「撿別人漏掉的」在婚戀市場是不存在的，真撿到了，八成是因為當時你履歷造假，吹牛還沒被識破，玩了一把騙婚把戲而已。

◆

當你自己有錢的時候，世界就會變得不一樣。

有人問：「什麼時候買奢侈品比較合適？」我的回答就是，當你覺得它不貴的時候。

先有安身立命的資本，才有資格去談愛別人，學會愛別人，才有資格讓別人愛自己。

先後順序很重要，那種張口就要求別人如何如何愛自己的，都是流氓。付出的幸福感和成就感，遠大於索取。更何況吃人嘴軟拿人手短，什麼都花男朋友的錢，吵架的時候都底氣不足吧？

這是一個靠山山倒、靠人人跑的年代。不拘泥眼前，放大格局才能有幸福感。

相比要禮物，自己賺錢買花戴，才是最厲害的。當你優秀又有錢的時候，身邊自然不缺送你禮物的人。

什麼都不做，每天就幻想著霸道總裁愛上你？能當上霸道總裁的，腦子可沒你這麼不靈光。

27

踩到這四個雷，離毀掉自己的一生也就不遠了

連做個普通人，都需要不小的努力，你既不甘心，又不想奮鬥，在不停的糾結中，耗過了一個又一個春秋。人到中年，看看一事無成的自己，回首過去，只能無限感慨，我的人生怎麼就熬成這樣了？

普通人一生的四個階段：心比天高的無知與快樂，愧不如人的奮鬥與煎熬，毫無回報的憤懣與失望，坦然自若的平凡和頹廢。

你走到哪一步了？

關注我的社群專頁的朋友，想必都對這段話印象深刻。這世上每個人，都曾自命不凡，覺得自己是真命天子，夢想度過一個夢幻般完美的一生。

然而，隨著年齡、社會閱歷的逐步增長，我們越來越認清，這有多不現實。甚至連做個普通人，都需要不小的努力。

就這樣，你既不甘心，又不想奮鬥，在不停的糾結中，耗過了一個又一個春秋。人到中年，看看一事無成的自己，回首過去，只能無限感慨，我的人生怎麼就熬成這樣了？

1. 沒本事賺想賺的錢

當生活一步步在你面前露出原形，你才知道錢不重要的那些言論真是錯得離譜。有時，你也想不通，憑什麼那些老闆，資產可以上千億，經常豪邁地占據著財富榜前幾名的位置。

那些明星，只要濃妝豔抹搔首弄姿地露個臉拍幾個廣告，就可以輕輕鬆鬆賺到好幾億。還有，你身邊那些雖然沒賺那麼多，但也常常在你面前炫耀他們風光生活的人，憑什麼就可以賺那麼多的錢，過著想過的生活？

看了太多，想了太多，你終於明白，這個世界上，就是有人在過著你想要的生活。

你也懊惱，憑什麼你就要這樣辛辛苦苦早出晚歸地上班下班，在瀰漫著濃濃韭菜味的車廂裡和一群與你有著相似命運的人搶著本來就少得可憐的那點地盤？

但是，你看人家開大公司，當大老闆，你有投資的本錢和魄力嗎？你也想學人家拍個小廣告賺點小錢，但你顏值夠嗎？你也想像隔壁老王那樣輕鬆在家動動手指寫點文章就能出書得版稅，但你肚子裡有墨水嗎？

在這個遍地都是機會、人人都有成功機會的新時代，人人都想賺很多錢，但卻不是人人都有賺錢的能力。

2. 沒時間做想做的事

一年三百六十五天，有兩百五十天，你在上班，有八十五天，你在加班，剩下的三十天，有十天，你得陪老婆孩子，十天，你得回家看父母，五天，你要參加各種必要的應酬，剩下的五天，你還生病了，吃了一大堆花花綠綠讓你昏昏欲睡的藥丸，蜷縮在被子裡。

你也知道熬夜不好，看網路上那些〈熬夜的人腦子裡都是垃圾〉、〈熬夜，下一個死的就是你〉的文章在ＳＮＳ上被瘋狂轉貼，你真想罵一句：「是我想熬夜的嗎？」

你得趕在晚上十一點，加班做完第二天必須提交的文案。你要哄睡哭鬧不休的孩子，才有上廁所的時間。你要陪客戶喝酒聊天到半夜，那個案子才有屬於你的可能性。但你也是人，你也有七情六欲、需求嚮往。

你也會在情感受挫的時候，想花點時間閱讀那些兩性專家的文章，好給自己一絲慰藉。你也想追時下火紅的大劇，好不被同事說落伍。你也想時不時出去旅個遊，放鬆一下身心。你也體諒父母的苦，想多花點時間陪他們，教他們SNS的用法。

你想做的事太多，需要你的人也太多，而你，真正留給自己的時間又有多少？

所以，你想做的事總是一拖再拖，想實現的願望也一再擱淺。

3. 沒資格愛喜歡的人

有一首歌這樣唱道：「你想要的我無法給予，看你坐著小車瀟灑遠去，留下我獨自淋濕在雨裡。」現在，你越來越深刻地體會到這種心酸和無奈。

你深愛著她，但卻不能給她她想要的幸福。美好如她，更好的前途、更優越的生活環境都該屬於她，而你，卻給不了她太多。給不了她想要的生活，最好的結果，就是放她走。

但是，那鑽心的疼，卻讓你在無數個夜裡輾轉反側、徹夜難眠。人這一生，還有比愛而不得更痛苦的事嗎？

你也知道你該努力，但是，時間能等嗎？她能等嗎？結果一定會好嗎？沒辦法，該放手的時候，再傷心，也得放。

4. 沒能力養你愛的人

有了孩子，你才知道，這個世界上還有這麼可愛的一種生物，而且，他（她）的血管裡還流著你的血。所以，你想把一切最好的東西都給他（她）。

但現在你才知道，不能讓孩子輸在起跑線上這話原來是騙人的。事實是，別人家的孩子已經贏在了娘胎裡。

從他在媽媽肚子裡像蘋果籽那麼大的時候，別人家的妻子，每天吃各種進口營養品加維生素加鈣，而你的老婆呢？還跟著你吃路邊攤。

孩子出生了，長大了，你也想讓他上好的幼稚園、小學、中學、大學，想給他良好的教育，但不菲的一筆費用卻讓你望洋興嘆。

最後，也只是上了普通的幼稚園、普通的小學、普通的中學和大學，過著和你一樣普通的人生。

然後生了第二個小孩，在總收入沒上漲的情況下，總支出的快速增長，讓養一個孩子就已經力不從心的日子變得更加捉襟見肘。

於是，普通的幼稚園、小學、中學、大學再統統降低一個等級，讓他們普通的人生，從一開始，就變得更加普通。你忙，孩子的媽也忙，並沒有過多時間給他們精細的教育。

他們當中的一個，最近還讓你上了熱門新聞，因為他竟然學著壞孩子的樣子，踢了社區裡孕婦的肚子，搞得人家差點流產。孕婦一家人揚言，要是有個三長兩短，就將你活剮。

你無奈，你揪心，好好的一個孩子怎麼就變成了這樣？

◆

有人說，人生就像一棵樹，樹上都是猴子，往上看都是屁股，往下看，都是笑臉。這個世界很殘酷，趨利避害是人性使然，叢林法則是真相規律。

有一句話說得好，獲得某種東西最好的方法，就是讓自己有能力配得上它。這樣的能力，你值得擁有。

成年人的世界裡，從沒有「容易」二字。

誰都不想渾渾噩噩混得半死不活，但是，夢想中的完美人生，你配嗎？

PART 4

成長這件事，請你別介意

28

維持成年人的體面，到底有多難？

隨著社群好友的人數增多，越來越多人對你的個人頁面感興趣，越來越多人對你的自拍和心事品頭論足。你努力保持的體面，在SNS上被一覽無餘，被看得清清楚楚。你開始厭煩，在發文處打字：我發文，關你們屁事？

你的SNS發文可見權限，是什麼時候開始有限制的？

如果你新認識一個朋友，互加SNS後，第一件事是做什麼？

不會急著發訊息，也不會隨意按讚留言，要做的第一件事就是偷偷翻看對方的個人頁面。

如果對方經常發美食和自拍，可能是一個熱愛生活的人，有愛心、有耐心；如果經常曬小動物，那麼他（她）內心大多溫柔細膩，有愛心，還存著天真；如果對方經常發一些加班工作的照片或影片，對方極有可能是個工作狂，會努力、有上進心……。

我們對於別人的猜測，來自對方的個人帳號，反過來，對方對於我們的第一印象，同樣來自於SNS。

其實很多時候，一個人的SNS，往往透露著他（她）的眾多秘密。

◆

不知道從什麼時候開始，我們習慣隔著螢幕與別人交流，在社交軟體上可以聊得火熱，可是當真正見了面的時候，氣氛總會冷到冰點、相視無言。

我們開始不願意與別人交流，開始把所有的心事都隱藏起來，把所有的秘密都關進了社群帳號。

我們在SNS上記錄自己的心情、吐槽身邊的奇葩，我們把SNS當作自己的情感樹洞，向其傾吐所有的秘密和煩惱。

可是隨著社群好友的人數增多，越來越多人對你的個人頁面感興趣，越來越多的人對你的自拍和心事品頭論足。

你努力保持的體面，在SNS上被一覽無餘，被看得清清楚楚。你開始厭煩，在發文處打字：我發文，關你們屁事？

可是還是一個字一個字刪掉，點開設定，更改了發文可見權限。

◆

你的SNS裡，是不是早就沒有朋友了？

之前華為拍攝了一支短片，真實地反映現代人的社交狀況：「除去按讚之交，你還有多少真朋友？」

片頭說：「每個人一生會認識大約兩萬七千人。」於是他們想測試每個人的SNS裡，到底還有多少真正的好友。

最開始，很多人都以為自己的SNS好友只有幾百人，但實際數量都上千，很多陌生名字躺在好友名單裡，聊天記錄還停留在那句：你已添加XX為好友，現在可以開始聊天了。

在刪掉那些不曾聊天、只是工作應酬的好友後，數字出來了：一〇四九人剩下三人，一一三五人剩下三人……而剩下那寥寥無幾的朋友中，有一些上次聯繫已經是兩年前了。

那些從未有交集的好友，就像是陳列在櫃檯上的商品，琳琅滿目，卻都加上了玻璃隔板，一派繁榮祥和的背後，是只有自己才知道的心酸。

◆

從小時候逢年過節，被父母要求在親戚朋友面前表演才藝，到長大後在應酬場合被各種眼神示意敬酒，我們早已不再是我們自己。

這種「身不由己」一直伴隨著我們長大，沒有減退，反而有越演越烈的趨勢。

同事、上司發來的訊息動輒999+，不熟的朋友間接發來幫忙投票的訊息，團購、代購，動輒洗板，有徵求意見，就被拉進莫名其妙的群組，明明都不熟，卻三番五次被要求幫忙殺價搶優惠……

看著好友超過一千人，每天SNS發文看不完，可是當自己真正有心事想找人傾訴時，卻發現可以打擾的人寥寥無幾。

我們努力保持的假象，被一個小小的短片一一揭穿，想努力保持朋友遍天下的體面，卻被抽得遍體鱗傷。

看似一派繁榮的SNS，真實的好友只有極少數，或者說很多人的好友名單裡已經沒有好友了。

好友名單限制住的，不僅僅是你的體面。

也許你可以在SNS上有上千個好友，留言破百，甚至上千按讚。然而，一派繁榮的背後，卻是無用的社交和虛偽的朋友。

很多人花了很多時間沉浸在SNS上，無用的社交占滿了閒暇時間。每天面對那些所謂的熱心網友，說著天南地北的八卦，吹著漫無邊際的牛皮。

可是那些如泡沫般的社交關係，經不起時間的考驗，那些隱藏在SNS上的好兄弟，卻在你真正危難的時候不見蹤影。

你努力合群，卻還是追不上他們的步伐，你花了很久的時間建立起來的習慣，在一瞬間分崩離析。

你所以為的好友名單，毀掉你的其實不僅僅是體面。社交需要體面，別讓好友名單毀掉你。

◆

社交網路能滿足我們太多的虛榮心，可是當走出網路的世界之後，卻總是感到一陣陣的空虛，我們的喜怒哀樂也絕不僅僅和幾個讚相關。

想起劉同在《誰的青春不迷茫》裡說過：「這個世界雖然大，但並沒必要每天交往那麼多朋友。並不是朋友越多你就學習得越多，還有一個危險，那就是應付變得越來越多，解釋變得越來越多，時間浪費得越來越多。當我們覺得湯的味道太濃了，就會兌更多水。如果生命是湯，朋友就是水，水越來越多，個人也會越來越寡味。」

越來越發現，成年人的體面，從來都不在好友名單裡。

你在SNS上展示的自我，無論多美好，無論多勵志，在多數人眼裡，都是過眼雲煙，或是茶餘飯後的話題。

你精心包裝出的美好生活，也極易破碎，你發了刪、刪了發的SNS動態，滿足的永遠是自己，滿足過後便是空虛。

無論你的發文設置成怎樣的可見權限，我們要做的從來不是選擇誰能看到你的發文，而是選擇自己面對它的態度。

29

其實成年人才做選擇，小孩子是全都要

我們學的東西越來越多，腦子越來越滿，但是內心裡面屬於自己的東西，卻越來越少。腦子越滿，內心越空。腳步越大，範圍越小。知識越多，選擇越少。

前段時間，有句話很流行：小孩子才做選擇，成年人當然是全都要。但實際情況是，這句話完全說反了。

小孩子需要做選擇嗎？往往年紀越大，需要做的抉擇才會越來越多。在大概六歲的時候，你那時候什麼都不懂，來到一個玩具櫃檯前，十層櫃檯你想要哪個就選哪個，不會考慮價格，不會考慮父母是否承受得起。而到了十歲，你依舊喜歡玩具，但是來到櫃檯前，你就只會選擇下面五層的玩具了，因為你知道，錢不是大風刮來的，父母的辛苦你都看在眼裡。

到了十三歲，你可能還幼稚地喜歡玩具，但是路過玩具櫃檯你卻只會搖搖頭，極力掩飾自己眼中的渴望。

很多欲望都是如此，你的選擇會和玩具展示架一樣，越來越少。

小時候我們什麼都不懂，什麼都做不了，但是我們想要的東西總是能夠得到。

長大了我們開始懂事，能力也越來越大，但是我們總是會漸漸地學會放棄，學會取捨。

哪裡有什麼所謂的「選擇困難症」，你不過是在成長的過程中，學會去掉一個又一個的「最佳答案」而已。

◆

讀書時期大都喜愛玩遊戲，但是年歲漸長，學業逐漸繁重，為了學業只好忍痛放棄心愛的遊戲。

又有哪個上班工作的人，沒有自己的愛好？

工程師也有顆熱愛聽歌跳舞的心，可是總有著寫不完的程式、加不完的班，哪有時間聽歌起舞？

你原本也是個單純不諳世事之人，但是你總會有不得已求人之時，所以你也學會了在老闆面前卑躬屈膝，你也學會了察言觀色，你也學會了不管老闆說什麼只管點頭如小雞啄米。

你不是也漸漸身不由己，變成你最討厭的那個人？

小時候的「自由發揮」，長大一點變成「複選題」，再到成年之後的「單選題」，甚至沒得選。

這是成長過程中少不了的「陣痛」。

在很小的時候，我就會搶著坐在酒席上最好的位置，無論什麼好菜上了，我都是那個第一個動筷子的人。

什麼好吃的統統夾到碗裡，周圍的人看了，只會笑笑：這孩子真可愛。

當我再大一點，就變得拘束許多，會要長輩幫忙夾自己吃不到的菜。

再到後來呀……就變成了只吃眼前的菜。

因為小時候的「無畏」還是無畏，長大了還無畏，就會被人當作無知了吧。

你總以為長大了，就能夠無所不能，結果真的到後面才知道，真的是無所「不能」，你要顧及這個顧及那個，你再也不是那個可以肆無忌憚的小霸王。

◆

不得不說，我們學的東西越來越多，腦子越來越滿，但是內心裡面屬於自己的東西，卻越來越少。

腦子越滿，內心越空。腳步越大，範圍越小。知識越多，選擇越少。

上天是公平的，在給予你一些東西的時候，也不可避免地會從你身上奪走一些東西。小時候的你很簡單，別人遞來一根棒棒糖，就能贏得你的好感。

「你喜歡我嗎？」

「我一天十五塊零用錢給了你十塊錢。」

他給的不多，但是卻是他的大部分，這就夠了。

成年了，他的薪水也會給你大部分，但是給不了你想要的品質生活，這時候的大部分還夠嗎？待到成年，還能這麼簡單嗎？

愛情還是麵包？自行車還是賓士？你愛的還是愛你的？幽默風趣的，還是溫柔浪漫的，還是家裡有兩間房的？

你總不可能一邊要你的男人會賺錢，一邊還要他幽默浪漫有空陪你吧？

什麼？你全都要？拜託你醒一醒。

◆

由幼年到成年，由簡單到複雜，由全都要，到我沒得選。

小時候，我們的雙手總是滿的，握滿了自己想要的東西，背上卻是空空如也毫無負擔。

逐漸年長，喜愛的東西會一件件地從手中流走，直到雙手空空，卻要開始背負一切，負重前行。

小時候哪需要什麼選擇，只要你哭得夠厲害，想要的東西基本上都能得到，畢竟你只是個孩子。

長大了哪有什麼選擇？

小時候我們的前方是「羅馬」，條條大路通羅馬；成年後我們的前方是「西天」，不管你想不想早晚都得去。

所謂成長，就是一個不斷接受失去的過程。

30

逼人做什麼不好，非要逼他快樂

我們本來就有權不進行這種表演，因為你看到了，這個世界就是不夠好，並不會因為你取悅它而跟你和解。

偶爾會聽到有人在沉默中嘆了口氣，問我：「你今天有什麼不開心的事嗎？」

我會立刻抬頭，堆起滿臉笑：「沒有啊，剛剛在想事情。」對方長出一口氣，時間長得可以用來背一首七言絕句。這個時候我就會感受到壓力，因為我要表演開心給他看他才會滿意。

有時候因為一些事情不順利，難免會有點垂頭喪氣。就會有人跳出來：「也不是什麼大事啊，有必要這樣嗎？」、「就是太玻璃心了，以後這種事只會越來越多。」

姑且認為您是關心我，想提醒我前方荊棘叢生，可是為什麼非要貼個標籤，說我「玻璃心」，這究竟能給您帶來多大的優越感？

而且我不懂，憑什麼我就不能因為沒有達到目標而沮喪，適度的焦慮有助於我反思，採取行動去做得更好。我的情緒很合理。

◆

為什麼要剝奪我不開心的權利？

即使我沒有不開心，就一定要表現得很開心嗎？要活潑開朗、落落大方，要隨時隨地吐槽說笑話，來讓所有人開懷大笑。

我難道就不能沒有情緒地，安安靜靜地待一會兒嗎？

有些人對別人要求真的很高，恨不得把他逼成超人，要完美完成任務，狀態必須是鬥志昂揚；要笑對挫折，牙必須露出八顆；不能妥協，不能軟弱，姿態必須好看。

時時刻刻會有聲音跳出來，提醒你：「瘋了吧，還在睡覺，跟你年紀一樣大的人已經年薪百萬了知道嗎？」、「居然吃泡麵，身材比你好的人還在健身呢！」、「這麼點小事就焦慮，能成什麼大事！」

就像是堅定的「必須快樂主義者」，要求他人無論發生什麼事情，都必須笑得鈴兒響叮噹，絕不能露出一絲疲態，如果表現得沮喪，那簡直該死，該在佛前懺悔上幾千年以求得原諒。

◆

太宰治在寫完他半自傳小說《人間失格》的同年，完成了他的第五次自殺，成功了。

這本書的主人公叫葉藏。他在少年時最擅長的事，便是假裝快樂，用滑稽怪誕的表演來取悅所有他遇到的人，想要與世界和諧相處。

然而，事實上他並不知道如何與自己相處，也無法處理內心裡從四面八方遊躥而來的激烈衝突。

無法自救，也得不到他人幫助，最終放縱沉淪直至絕望。

從來沒有人告訴他不用這樣，不用看透虛偽又用虛偽做武器保護自己，可以有真實的情緒。

他什麼都不敢，即使快要走火入魔，也從來沒有賦予自己接納真實感受的權利。

但是感受這東西，你越拒絕，纏你越緊。

我們本來就有權不進行這種表演，因為你看到了，這個世界就是不夠好，並不會因為你取悅它而跟你和解。

即使你用力表演快樂，也不會真的快樂起來，反而因為這種期待而更有壓力。

所以，別逼我必須快樂。

◆

說回不開心。就好像笑的標準不一樣，厭世的標準也不一樣，有的人就是會因為很小的事情不開心，這件事對他來講可能有不一樣的意義，這很難理解嗎？

憑什麼大男人不能哭？憑什麼他已經不開心了，只是想靜靜卻還要被指指點點？沒有人可以閹割我們的情緒。我們完全有理由不開心，只要你認為合理。我們可以像照顧小孩子一樣照顧我們的情緒，接納它，撫慰它，安定下來再重新出發。

千萬別中了圈套，別因為別人的話，就覺得自己過於脆弱，你只是更完整罷了，而一個完整的人，一定比殘缺的人擁有更強大的力量。

高興就大笑，不高興就厭世一下，累積足夠的能量照樣可以屠龍。就讓風言風語隨風飄逝，讓鬼話見鬼，讓「必須快樂主義者」自己必須快樂去吧。我們都不是上帝，所以沒有支配別人情緒的權利，幸運的是，我們還能做自己。

最後想給「必須快樂主義者」一句忠告：放棄用關心做外衣去要求別人吧，也別把自己逼得太緊，弦斷了不好接。

31

要你拚命地工作，而不是要你命地工作

我安慰兄弟，離職是對的，就像現在我給你健康和錢，你選擇哪個？他直接打斷我，在一秒鐘內完成了一個無奈的笑。「一樣也沒有。」

半夜十一點，一個拜把兄弟約我聊天談心，因為他又一份工作結束了。這是他一年內的第五份工作，無奈又無奈，但還是只能辭職了。

這次不是因為薪資不到位，而是因為太過於勞累，他察覺到了身體的異樣。

他苦笑著和我說，好像只有離職，才能活得像個人樣。

身為好兄弟，我肯定勸誡他別再換了，下次慎重點，找個穩點的好好幹，但每份工作他確實都認真篩選過了，可最後還是不幸掉進了徵才陷阱。說好的薪資，都「缺斤少兩」，說好的工作時間，倒是確實加倍，再加倍。

這五家——上市公司、外商、新創公司、大公司，都包括了，還能去哪兒？迷茫。

只要是薪資稍微多一點的，就沒有「下班」這兩個字，他的上一份工作，就是半夜一點鐘開個會，早上七點再開個早會，好似犯人提審。總結四個字：毫無人性。

累得要命的同時，業務這個職位，讓他身體越來越圓潤，比起大學讀書的時候，他已經足足胖了十五公斤了。

越累越胖，也成了這個行業的常態。

我提醒他，要注意身體，他說他也想啊，但除了業務工作，他還能做什麼？不累怎麼辦，本來想著累又能怎樣，年輕不怕累有賺錢就行了。

如果不在幾年內混出人樣，我們究竟還得怎麼過啊？

但現在更氣人的是，太拚也不行，我們終究還是個人啊！

就像現在，他的身體出現了異常情況，長期酒局陪客戶和抽菸，讓他渾身沒有幾樣好器官。血糖、血脂、血壓都過了糖尿病和高血壓的警戒線。而且，他還沒三十歲。

我安慰兄弟，離職是對的，就像現在我給你健康和錢，你選擇哪個？

他直接打斷我，在一秒鐘內完成了一個無奈的笑。

「一樣也沒有。」

◆

二〇一六年的十二月，我參加了我這輩子都難忘的一場葬禮，因為去世的是我的第一個同年齡的朋友，我的高中同學，還不到三十歲。

畢業之後，我們就沒有過任何聯繫，想不到，再次相見是以這種方式。

記憶中，他籃球無敵，跑步全班第一，怎麼也想不通他怎麼成了最短命的人。

聽和他一直保持聯繫的同學說，畢業之後他自己回家開工廠，有時候一天收入就能過萬。

他工作能力非常強，自己可以身兼數職，做廠長、業務、廚師、司機。

據說前一個月因為太累了，還在喝著咖啡和提神飲料，用毅力繼續工作，最後，得了最嚴重的白血病併發症：顱內出血。據說在幾個小時的呼吸困難之後，奔向了天堂。

他確實賺到了錢，但是，也真拚掉了命。

以前只是聽說過，白髮人送黑髮人，是最痛苦的事。現在這種事就出現在我的眼前，守靈的那幾天，他的父母好像都忘記了吃飯和睡覺這兩件事。

到了出殯的當天，他的父母在棺材前待到天亮，快要起靈時，他們開始不停說著捨不得兒子和後悔的話。隨著時間的推移，他們的哭聲越來越大。

終於時間到了，眾人開始把他們向屋裡推，擋住去火葬場的路。

他們用盡全力向外衝，儘管身體看起來很瘦弱，卻讓我們十幾個壯漢都幾乎抵擋不住。他的親姐姐，去送了弟弟最後一程，在最後的告別時，直接哭到抽搐。

我不知道他留下了多少錢，但我知道，我那個沒健康沒錢的哥們兒的家庭，現在比他幸福。

◆

當今年代壓力確實太大，壓力讓很多人放棄了理智，選擇了拚命。大家懷揣著鬥志，若許以美好的未來，就會像一個戰士一樣，幾乎可以不吃不喝不睡。

年輕，本該沒有吃不了的苦，然後就會像我的拜把兄弟一樣，逐漸察覺到身體的異樣。

我的拜把兄弟是幸運的，他不經意間去做的健檢報告提醒了自己，可現實是多少朋友，甚至不想也不敢去做一次健檢？

因為結果出來了又能如何？

還不是一樣得熬夜，作業務的還得奔赴下一趟酒局，而坐辦公室的頸椎還是在隱隱作痛。

當然，我不是要大家都放棄工作，只是想給大家敲響警鐘。

再次用身邊的事情提醒大家，賺錢的同時，可以拚，但不要拚命，就算賺到錢，結果也很可能是人財兩空。就算年輕，身體也經不起太大折騰，無論生活多難，先放自己一條生路。

因為生命是一場最嚴酷的淘汰賽。只有留下的，才是勝者。

32

其實你們的感情沒那麼好

大家的醉飲，無不在滿足自己的宣洩，大家的不捨，全都哭祭給已逝的時光。你們的感情有多麼堅不可摧？很多是自己感動自己，或者是陷入某種儀式感中。有人說，是因為意識到有些人一輩子不會再見了，就很傷感。

隨著大學畢業論文和考試的結束，新一波的畢業煽情季也就開始了。聚會，喝酒，一起緬懷幾年來的生活瑣事……

你們的關係真的那麼好嗎？

其實大家只是互相借用罷了，當作告別青春的一個個道具，相互配合，集齊團體合照上的一顆顆印章。

大家的醉飲，無不在滿足自己的宣洩，大家的不捨，全都哭祭給已逝的時光。

你們的感情有多麼堅不可摧？很多是自己感動自己，或者是陷入某種儀式感中。有人說，是因為意識到有些人一輩子不會再見了，就很傷感。

我們時時刻刻都在跟無數人進行著所謂的「最後一面」。

你住了十年的樓下小吃攤的煮麵阿姨，見證了多少個你騎著自行車奔往學校的清晨啊，搬了家大概這一輩子也不會再見了。尤其像我這種搬了四次家的，我都不記得和多少人永遠不會再見了。那些一輩子不會再見的，說明你們的感情也就到這了。

大學畢業十多年了，畢業前的最後聚餐也去了。當時背著雙肩包，平靜地和同學吃飯、喝酒，看著有些女孩先哭，然後看著有些男生到最後也偷偷抹眼淚，到處都是酒瓶。

說實話我沒太多感觸，一直很平靜地吃完這頓飯，和同學們揮手告別，僅此而已。

◆

同學情誼深不深，幾年後參加個同學會才會知道答案。

如今發達的交通，讓大洲大洋已經不構成距離了，北美洲和亞洲之間也只要飛十幾個小時。

構成距離的是人心。

我最好的同學在非洲，每年只回國一個月，但年年都見；關係普通的同學有的甚至工作地點只有幾十分鐘的距離，卻幾年也不會見到，只剩下ＳＮＳ上按讚的交集。

同學大部分只是同學，並不會成為朋友。你和這群人因為特定的條件和環境，不得不在一起生活了幾年——但是你沒義務和這些人做朋友。

年輕人，總是把各種感情都想像得太浪漫了，其實真實的感情並沒有那麼美好。等走進社會，你才會明白，什麼叫作真正的朋友。

並不是陪著你在宿舍裡聊化妝品吐槽男生就叫朋友。並不是和你一起熬夜打遊戲就叫朋友。

畢業的時候，你心中那些惆悵不捨的感情，大部分源自於對自己過去這幾年人生的告別和不捨，只有很小一部分才是對同學。

那些平時明明不怎麼說話的同學，一起去拍各種畢業照，瘋狂地轉來轉去，好像感情很好的樣子，真的覺得沒什麼意思。

你無限煽情的時候，心中其實緬懷的是自己這幾年的青春罷了。

33

人生不像做菜，把所有材料準備好才下鍋

工作從來不會按照你設想的樣子，等你準備充分了，等你理解透徹了，才會啟動。不要擔心座位不合適，先上車再說，座位慢慢調整，總會達到你要的舒適度。

最近幾年興起一股熱潮，網路上流行各種「按讚轉發你將在二十四小時內收到一個好消息」之類的短文。

究其原因，是因為很多人把希望寄託在虛無的等待上而止步不前。可是幸運之神想拉你一把，都不知道你的手放在什麼地方。

人生的每一份幸運都離不開自己的實際行動。所謂自助者天助。

記得剛開始工作的時候，我也總以為所有的工作，會等我準備好了再展開。

有一次，老闆突然通知我跟他去外地參加一個重要會議。

大概是時間太趕的緣故，我手忙腳亂地整理完資料就出發了，到了會場後發現還漏了一些在辦公室，但已經沒有時間回去拿了。

那次的會議經歷極為糟糕，不但被老闆責備了，而且在別人正式衣著的襯托下，邋遢的我感到了無比自卑。

有了這次慘痛的教訓以後，不管多晚入睡，我都會早早地起床，吃完早餐，穿著得體了再去上班；工作需要的資料檔案，也會提前準備好，而不是等需要了才手忙腳亂地準備。

工作從來不會按照你設想的樣子，等你準備充分了，等你理解透徹了，才會啟動。

工作是一場突擊戰，戰場上沒有突如其來的幸運，也不會有小天使來幫你，即使半桶水也得上，唯有邊做邊學，邊錯邊反省，沒有人會等你充分悟透了再開展工作。

不要擔心座位不合適，先上車再說，座位慢慢調整，總會達到你要的舒適度。

◆

不只是工作，很多時候我們明明愛一個人，卻不敢付諸行動，總想再等等，看看幸運之神能否眷顧自己，讓那個意中人主動向自己走來，結果意中人越走越遠。

《守望燈塔》（Lighthousekeeping）裡有一段話：當你愛一個人的時候

你就應該說出來。生命只是時間中的一個停頓，一切的意義都只在它發生的那一時刻。不要等，不要在以後講這個故事。感情也好，愛人也罷，你不主動，就無法擁有。

如果你止步不前，總想駐足原地觀望，那你最後什麼也得不到。

就如電影《一代宗師》的臺詞所說：「我昨天遇見一個人，感覺他非常有意思，但後來再也碰不上了，人生就是這樣。」

不要等著被喜愛、被給予，要主動去要求，主動去爭取。

這是一個沒有二次機會的時代，別人不會像你那樣流連忘返，因為太多的事情太多的人，就如你忙的時候也不會等待。

有時候我們會發現，很多東西都是有保存期限的。

萬事萬物都在變化中，這就是為何當下如此重要。任何機遇都需要立即去爭取，等待的結果是「過了這個村就沒這個店」。

機遇如是，感情亦如是。

◆

很多人都容易將自己寄託於外事外物上，以為拜拜佛求求神、轉轉幸運信就能獲取好運，獲取成功。

但是你別忘了，你才是自己的主人，你要有主人心態。什麼叫主人心態？對自己負責。

你就是你人生的「一家之主」，你要學會經營自己的人生。如果現在是低潮期也不要緊，轉發完幸運信後便開始累積力量，努力奮進，在下一股風吹起來的時候你需要精準地站在風口，而不是因為暫時的失意而選擇什麼事也不做。

真正被好運眷顧的人，都是起了念並且覺得有路可走就要立即去做，而不是還在那裡感慨幾句人生，轉發幸運信。

俗話說，行動很重要。因為只有行動了，才會有選擇的可能。而不行動，就沒有選擇，也沒有可能。

過於瞻前顧後不敢行動，只能是撿芝麻丟西瓜，還可能等著等著連芝麻也沒有了。

當發現有機遇在跟你招手時，一定要重視，告訴自己現在立即行動起來。這就是活在當下的含義。

褚威格說過：「命運鄙視地把畏首畏尾的人拒之門外。命運——這世上的另一位神，只願意用熱烈的雙臂把勇敢者高高舉起，送上英雄們的天堂。」

請記住這段金玉良言，趁著年輕，要鼓足勇氣迎接命運的挑戰。不要總是等，再等就老了，到那時候才發現自己從未年輕過。

若你總是在等待，畏首畏尾，止步不前，命運為什麼要獨獨眷顧你，好運為什麼要向你走來？

請記住，機不可失，時不再來。

34

生活的爆擊，值得感激嗎？

其實我們真正感激的，不是生活的爆擊，而是遭遇爆擊時，沒有被打倒、咬牙挺過去的我們自己。

辯論型節目《奇葩說》曾經有一集的辯題是：生活的爆擊值得感激嗎？雙方辯手都說了很多自己的親身經歷，有人遭遇過劫匪，有人遭遇過車禍，有人失去過工作，有人失去過夢想。

無一例外地，每個人都曾被生活爆擊過。

可是爆擊明明是傷害啊，感激從何而來？我們從小到大，接受的那些感激挫折的教育，又從何而來？

蔡康永是這麼說的：「生活是值得被感激的，可是沒有任何一種生活是沒有爆擊的。」

他舉了一個例子，自然界老鷹捕食兔子為食，兔子被抓住吃掉，是對兔子的爆擊，兔子沒被抓到，老鷹餓肚子，或者無法餵養小鷹，則是對老鷹的爆擊。

由此看來，爆擊是必然的，從本質上講，生活可能從來就沒有打算過溫柔善待活著的任何物種。

那麼人類所祈禱的，願被命運溫柔相待，實在是一種奢望。

我們之所以說感謝，是因為許多爆擊和挫折無從避免，只好透過感激為它們賦予一點意義，以此來寬慰自己。

但其實我們真正感激的，不是生活的爆擊，而是遭遇爆擊時，沒有被打倒、咬牙挺過去的我們自己。

◆

前陣子最紅的劇毫無疑問是《延禧攻略》和《如懿傳》，它們是同一時期的清宮劇，卻有著不同的走紅理由。

我看到一篇文章是這樣評價這兩部劇的：《延禧攻略》是說，世事艱難，你也只能用劇來爽一爽了。而《如懿傳》是說，世事艱難，有些事情只有在劇裡才能拆穿。

女主不善良，男主不堅貞，愛情不唯美，我們追劇的口味什麼時候變成這樣了呢？

回想這二十年來流行過的清宮劇，從《還珠格格》到《步步驚心》，再到《甄嬛傳》，電視劇裡人物的性格，不斷趨於複雜。

《還珠格格》出現時，世人尚不知「宮鬥」為何物，片中主角都是自由又浪漫的。好像一個人只需要真實地做自己，就自然會被懂得欣賞的人去愛、去照顧、去成全，就連闖禍都可以是可愛的。

《步步驚心》是清宮穿越劇，女主角身為穿越到過去的現代人，並沒有一路開掛似的走上人生巔峰，而是竟然也不可避免地走向了一個悲劇的結局。好像在大環境下，人總歸是無力的，許多宿命般的桎梏，即使你既清醒又有智慧，也無法逃脫。

《甄嬛傳》裡，人心之複雜多變、命運之雲譎波詭，實在是莫測。到最後，甄嬛彷彿是贏了，又彷彿是輸了。從初入宮時的天真和單純，到成為太后時的心狠與工於心計，一點一滴，不論對錯和好壞，都是生活對她施加的、無法抗拒的改變。

追劇的我們也改變了，隨著年紀的不斷增加，對生活的理解不斷深入，心態變了，喜好自然也變了。太過美好的，不真實，而真實，總有缺憾。生活沒那麼簡單，所以做人，也要不那麼簡單才有意思。

◆

在我心中排名第一的小說，一直都是余華的《活著》。在《活著》這本書裡，我們看到最多的，卻是死亡。

福貴這一生，不可謂不悲慘。先是敗了家，然後依次送走了他的父親、母親、兒子、女兒、妻子、女婿，還有外孫，最後只剩一頭老牛和他孤獨地相依為命。苦難彷彿是福貴生命的主旋律，即使有過些許溫情，卻也像是在為苦難醞釀。

福貴年少的兒子，熱心地為了女校長捐血，結果卻被醫院抽血過多而亡。福貴年幼的孫子，因為窮困，好不容易有了一大盆豆子，結果竟吃到把自己撐死了。

生命中這樣近乎荒誕的悲哀，除了默默承受，別無他法。

余華寫道：「作為一個詞語，『活著』在我們中國的語言裡充滿了力量，它的力量不是來自於喊叫，也不是來自於進攻，而是忍受，去忍受生命賦予我們的責任，去忍受現實給予我們的幸福和苦難、無聊和平庸。」

這本小說不談夢想，不聊意義，只是透過生和死這兩件事，告訴讀者：「人是為活著本身而活著，而不是為了活著之外的任何事物而活著。」

◆

我們公司有兩個同是生於一九九〇年的女生。

一個過著肆意的單身生活，聚聚小會，喝喝小酒，旅旅小遊，日子看起來輕鬆精彩，卻也時時承受著各方面施加給單身的壓力。

一個已經有了一個三歲的孩子，每天都有操不完的心，下班就要回家帶孩子，幾乎沒有自己的休閒娛樂，雖然很累，卻也甘之如飴。

我說不上來她們兩人誰的生活更幸福，畢竟都有好有壞，只是方式不同而已。

這個世界上原本就沒有絕對幸福的生活，不是在這裡辛苦，就是在那裡辛苦，不是主動吃苦，就是被動吃苦，其實挺悲哀的。

可是這份悲哀讓人清醒，而且你一旦接受了它，它還能變成在你承受生活的傷害時，保護你的鎧甲。

這些年，大家越來越喜歡把「生活艱辛」掛在嘴邊了，每次我們發出這種感慨的時候都是真心的，卻常常用一種近乎玩笑的口吻，好像只要我們還能笑得出來，就能扛得過去。

黃磊孫莉、鄧超孫儷那樣幸福的家庭，自然是每個人都羨慕的，可是像蔡依林這樣雖然沒有結婚生子，卻也活得漂亮的女生，又何嘗會讓你覺得可憐呢？

她們有著很精彩的人生，有著很棒的興趣愛好，有事業有朋友，又少女又御姐，活成了許多女孩羨慕的樣子。

命運就是這樣，總是違背你的期望，但你也該認輸。

當你覺得生活布滿荊棘、充滿迷茫，我仍希望，你能好好愛自己，不缺少對生活的熱愛和勇氣。

35

世界上沒有真正的感同身受

你以為我光芒萬丈，其實我的眼前一片黑暗。即使是最支持你的人，也只是站在自己的角度支持而已。

魯迅在《而已集．小雜感》中寫道：「樓下一個男人病的要死，那間壁的一家唱著留聲機；對面是弄孩子。樓上有兩人狂笑；還有打牌聲。河中的船上有女人哭著她死去的母親。人類的悲歡並不相通，我只覺得他們吵鬧。」

原來早在多年前，魯迅就表達過這樣一個道理：這世上，從沒有真正的感同身受。

曾經，我們以為難受是可以傳達的，於是張牙舞爪地表達，試圖得到理解，可後來才明白，感同身受，是一件奢侈的事。

看過一個熱門話題：你為什麼越來越少在SNS上發文了？

最多人按讚的回答是：發現自己身上發生的事情百分之九十九都與別人無關。厭倦到不需要用旁人的認同，填補內心的空虛迷惘。

當自己正經歷痛苦挫折時，你期盼能有個人了解自己的疼痛。其實也不是需要多少理解，只是想要一點鼓勵，可是當話從心裡到嘴邊經過層層過濾後，莫大的苦難都變成了無病呻吟，你所祈求的安慰，最後變成了客套，甚至是嘲諷。

「你那算什麼，我比你慘多了。」

「沒什麼大不了，挺挺也就過去了。」

你的快樂，也許會戳到別人的痛處；你的哭泣，可能會淹沒在別人的歡笑聲中；你的難受，沒人可以代替你承受。

不能說人情冷漠，只是人類與生俱來的天性罷了，我們只能冷暖自知。針扎在你身上，別人是感受不到疼痛的，與其向不懂的人訴苦，不如悲喜自渡，這也是季羨林先生在《悲喜自渡》裡想要表達的。

「這段童年，我再也不想要再來一次了。」這句話是電影《我想有個家》（Capernaum）裡面的贊恩說的。

當贊恩看到因大出血而去世的妹妹，那個他想用力保護，卻無力留住她生命的人時，他拿著一把刀刺向了買下妹妹的房東。

最終他被判以五年有期徒刑，而目擊證人，是他的父母。

當我還在同情贊恩不幸的童年，慶幸還好這只是電影時，最後它卻告訴我，以上情節根據真實事件改編。

看電影，最怕的就是這幾個字了吧。

這段經歷，是我們生活在美好的時代背景下，所不能感同身受的。即使這段經歷透過電影的形式，以某一視角向我們描述他的經歷，卻不能讓每一個觀眾擁有和贊恩內心一樣的痛苦與磨難。

男孩在那樣一個惡臭卻又無可奈何的現實環境下，仍然想要努力生活下去。我們會為了他的堅強感動流淚，卻無法真正體會那種痛苦和心酸。

這些經歷，我們真的無法感同身受。

◆

有些話只能對自己說，有些事只能自己去做，有些苦只能自己去受，有些路啊，只能自己去走。

一生中來來往往多少人，又有誰會在原地兜兜轉轉等誰，我們都只是彼此生命中的過客。

年幼時，父母陪伴我們度過一個快樂的童年；年輕時，我們在學校與老師、同學歡度青春時光；成年時，憑藉在職場的小心翼翼，或許交到了幾個朋友；垂暮時，選擇一位伴侶攜手到老。

你看，每個階段都有該出現的人，他們或許是我們生命中的一束束燭光，但終究會有燭盡煙滅的那天。

沒有誰能永遠成為我們傾訴的對象、癒合傷疤的藥膏。從一而終陪著我們的只有自己，親人不可以，愛人也不可以。

在自己人生的這趟列車上，上上下下太多人，只有我們自己才是全程觀光者。於是我們注定悲喜自渡，帶著生活帶給自己的五味雜陳在人生之路上徐徐前行。

◆

當你無法做到感同身受，也請你在別人難過時，不要站在制高點對別人進行嘲諷和批判，如果連真誠的安慰也做不到，那麼你可以安靜地走開。而我們自己在遇到難處的時候，也不必總祈求別人的關懷和理解，能獨自消化痛苦，才是成長最好的證明。

歌手王源曾經在真人秀節目《我是唱作人》舞臺上問觀眾：「大家看舞臺上亮嗎？」

「亮！」

「但其實我看你們很黑。」

你以為我光芒萬丈，其實我的眼前一片黑暗。即使是最支持你的人，也只是站在自己的角度支持而已。

這世界不存在真正的感同身受，我們也只能在黑暗中，尋找屬於自己的那一束光。

36

為什麼越長大越難快樂？

在成長的過程中我們慢慢明白一個事實：生活從來不易，若是某段時間裡你覺得幸福來得那麼輕鬆，不過是因為有人正在替你承擔代價，而長大，不過就是慢慢從父母手中接過自己人生責任的過程。

在往下讀之前，先回答一個問題：你上一次發自內心的笑是什麼時候？

今早上班路上，突然下起大雨。褲子濕漉漉的我匆忙擠進地鐵。整個車廂裡，沒有一個人說話，所有人看起來都很焦慮，這表情包含的顯然不止是大雨導致的上班遲到的麻煩。

相信不少人都看過電影《夏洛特煩惱》，裡面有段情節讓人記憶猶新：大春和夏洛一起去遊樂場打《拳皇》，他用練了好久的連招打敗了夏洛，發生如下對話：

大春：「Oh, yes! Yes! Yes! Yes!」

夏洛：「……」

大春：「哎，你怎麼還玩不起了呢？」

夏洛：「我真羨慕你，活得跟傻子似的。」

我不知道大春是不是傻子，但我知道夏洛是真的羨慕他。因為在夏洛的世界裡，其實找不到能讓自己如此興奮的事情。

◆

小時候我們覺得快樂是那麼簡單純粹，看到天邊的一朵雲、路邊的一朵花，吃一次麥當勞、去一次遊樂園都能讓自己覺得無比歡樂，但事實上，真正讓我們「發自內心快樂」的其實是那種自己不需要付出什麼努力，好事就能送上門的無憂無慮生活。

長大後，若是有陌生簡訊告訴你，你中了幾十萬的大獎，或者送你最新的蘋果手機，你會高興嗎？

答案顯然是不會。

在成長的過程中我們慢慢明白一個事實：生活從來不容易，若是某段時間裡你覺得幸福來得那麼輕鬆，不過是因為有人正在替你承擔代價，而長大，不過就是慢慢從父母手中接過自己人生責任的過程。

讀書時，如果考試考了高分我會高興，但不至於太高興太意外，因為我知道，之所以能考到那個分數，是因為自己付出了努力，現在不過是得到了應得的回報罷了。

工作後，每月拿著自己賺到的薪水去買衣服、買鞋子，去吃美食，去到處玩，也許消費的那一刻自己會覺得高興，但這種高興不會維持太久，因為你知道到頭來花的還是自己辛苦賺來的薪水。

◆

快樂的門檻無形中被社會提升了。

你再也不會因為你喜歡的女孩子瞧了你一眼，而神魂顛倒。

你再也不會因為通過了《魂斗羅》的最後一關，而恨不得告訴所有朋友。

你再也不會因為解出一道數學難題，而興奮地告訴隔壁同學。

並不是越長大越不容易感到快樂，而是長大後我們開始明白，生活中的所有事情背後都有價碼，從來沒有什麼快樂是可以容易得到的。

你說你不快樂，其實是你認清了快樂。

PART

5

接受指點，拒絕指指點點

37

都是第一次做人，憑什麼要讓你？

世界上並沒有無緣無故的愛，甚至連無緣由的善意都是少的，絕大多數情況下你的可用價值決定了你能收到多少尊重和關懷。

這世界上真心實意的愛不多，所以別裝模作樣。

如果你是一個經常被愛包圍的孩子，請特別注意：世界上並沒有無緣無故的愛，甚至連無緣由的善意都是少的，絕大多數情況下你的可用價值決定了你能收到多少尊重和關懷，即使是你的父母也不會百分之百無條件愛你的。

所以，對願意愛你疼你哄你的人千萬別裝模作樣，也許這樣的人你一輩子只能碰到那麼幾個。

談戀愛結婚多聽父母的忠告，他們給的建議通常沒什麼錯。

真的到了婚姻這一步，那就是天長地久的相處相伴，柴米油鹽醬醋茶，吃喝拉撒衣食住行，孩子老人親戚朋友，家庭瑣事往來應酬……找一個真心對你的人，找一個門當戶對的人往往真的能讓婚姻牢固一些。

女生找個踏實有責任心的男生，男生找個溫柔賢慧的女生，往往是對婚姻乃至後半輩子最好的投資。

別跟我說沒結婚你就別瞎說，門當戶對這種金玉良言信不信由你。

◆ 對別人來說，你其實沒那麼重要，所以別那麼在乎鬧笑話。

你出過的醜鬧過的尷尬別人其實一轉眼就忘了，所以想出手就出手，別怕丟人現眼，因為機不可失，時不再來。

鬧個笑話也別留下心理陰影，其實大家哈哈之後就忘了，沒人太把你當回事。明白這個道理後，你的臉皮就能堪比城牆了，無論是談戀愛還是找工作，你會發現所有的臨場發揮總是超過預期。

自己的三觀信仰和一些人不同，不用糾結，愚昧就是屬於大多數人的。當然，並不是建議你去做一個與社會格格不入的人，而是別放任自己慢慢成為一個沒有自我的人。

這個世界上沒有什麼公平可言，所以早點接受自己的位置才是正解。每個人來到世上之後所擁有的資本各不一樣，智力容貌財力包括能夠得到的愛，都是不同的。不要怨天尤人，也別氣不過，更別光眼紅別人而自暴自棄。

如果你不是金子，就不要整天做夢自己發金光。越早認清自己的身分，就能越早能走屬於你的路。

畢竟大家都是第一次做人，你不想讓著別人，也別妄想別人會讓著你。

38

刀子嘴的人，真的有豆腐心嗎？

一個心地真正善良的人，又怎麼會到處用言語傷人呢？

生活中總有些人，為人太刻薄，說話太尖酸，不顧及別人的感受，不考慮別人的心理，口無遮攔，令人生厭，搬弄是非，讓人反感。

前一陣子公司來了個新人，還沒過試用期就把公司裡的人得罪光，待不下去自己辭職了。

有些同事幫他圓場，說這位職場新人，是刀子嘴豆腐心，就是嘴不饒人，心腸還是好的。

平時同事之間交談，他總喜歡調侃別人，有時候當眾指出別人的缺點，喜歡哪壺不開提哪壺，自己又跟沒事人一樣，好像別人知道他是無心為之似的。

要我說，刀子嘴就是刀子嘴，哪裡來的刀子嘴豆腐心？一個有豆腐心腸的人，又怎麼會生出一張說話尖酸刻薄的嘴巴，處處去傷人，卻還標榜自己有副好心腸？

一個心地真正善良的人，又怎麼會到處用言語傷人呢？

玫瑰花雖然有刺，那也是用來保護自己的，而不是去傷害別人。那些慣於用嘴巴去傷害別人的人，只是自己貪圖嘴巴爽快，卻沒看到給別人留下的傷口。

宗薩仁波切曾說：「大多數標榜自己說話直的人，只是不願花心思，考慮對方的感受而已。」

一個人的言談舉止都是其內心的反映，有什麼樣的心境，就會說出什麼樣的話語。用自己的刀子嘴去傷害別人，你用再柔軟的豆腐心，也抹不去別人的傷痕。

◆

有這麼一則故事：小男孩總愛發脾氣，他爸爸給了他一些釘子，要他每發一次脾氣，就釘一個釘子在籬笆上。漸漸地，小男孩學會控制自己的脾氣了，爸爸要他把釘子拔下來。釘子雖然拔了下來，但籬笆上的洞永遠不會消失了，小男孩才明白自己之前對別人的傷害。

一個說話尖酸刻薄處處傷人的人，即使有豆腐心，那也是塊被冰凍的豆腐，你以為是軟的，其實是又冷又硬。

生活中總有一些人，被標榜著「刀子嘴豆腐心」，就好像這個人嘴巴再毒，只要心是好的，就可以消除對別人的傷害。

傷害就是傷害，它永遠在那裡。沒有人有義務，透過你惡毒的嘴巴，去了解你的豆腐心！

◆

蔡永康曾在《奇葩說》中說過這樣一句話：「你說什麼樣的話，你就是什麼樣的人。」常說相由心生，語言又何嘗不是這樣呢？

曾有一個學生，被老師指著鼻子罵是豬腦袋，從此以後這個學生變得自卑敏感，感覺處處不如人，成績一度下滑。然而老師卻說自己是為學生好，不罵他不知道上進。

這樣看來老師出口傷人，完全是事出有因，自己是出於好意，錯的是學生理解不了老師的苦心，可仔細想想，結果卻是要一個受到傷害的人，去理解傷害他的人。

不怕你有一張刀子嘴，就怕你假裝藏著一顆豆腐心。

如果一個人的好心，就能消除自己對別人的傷害，那這世界哪還有那麼多心靈受傷的人。

俗話說：良言一句三冬暖，惡語傷人六月寒。

有人說自己說話不好聽，但心地還是好的，也就是說自己人不壞。可是一個說話從不考慮別人感受的人，心又能有多柔軟？

我們身邊都不乏一些人，打著為你好的名義，卻對你說著惡毒的語言，沒有人喜歡聽惡毒的話，而說惡毒話的人卻認為自己是好意。

就像生活中有人說，說你胖是想叫你減肥，但卻從不督促你或介紹你減肥的方法；有人說你裝扮醜，卻從不告訴你該如何打扮自己。

用語言去傷人是愚蠢的，因為它會刻在別人心裡，身體上的傷痛會慢慢復原，時間長了就淡忘了，而語言上的傷害，總是讓人難以忘懷。

你有刀子嘴，就不要說自己還有顆豆腐心，沒人喜歡刀子嘴，更沒人想透過刀子嘴，去了解你的豆腐心。

有些人標榜著為你好，而用語言去傷害一個人，被傷害的人要麼自暴自棄，要麼奮發努力，無論是哪種情況都有一個共同點，那就是心裡都有個看不見的傷口。

不要以為為別人好，就可以處處傷人，刀子嘴就是刀子心，當你出口傷人的時候，你就只有刀子心。

語言就像玫瑰花上的刺，是用來保護自己的，而不是用來傷害別人的。

39

對對對，你說的都對，但是我不聽你的

生活中就會有這樣的人，看似非常熱心而真誠，指出你的錯誤，並告訴你改進的方法，然而，他並不是真的在關心你，而是在享受指點江山帶給他的快感，甚至是透過貶低你帶給他一種心理滿足感。

最近，由於工作關係，認識了一個女生。交集多了，有次一起吃飯，就聊起生活。

本是隨意問起，結果卻變成了她的吐槽大會。從父母逼婚、價值觀差異，到糾結於是否該順從父母的意願……好吧，這是一個標準的中齡剩女。

熟悉我的朋友知道，我對八卦毫無興趣。所以對她講的內容，剛開始我還應和著聽聽，但逐漸地，對話場景就變成了這樣：

她：「我覺得單身沒有錯，人生就是不該將就，我找的是我未來孩子的父親，這是一個多麼重要的角色……」

我：「我覺得你說的很有道理，不將就也是一種人生態度，只要……」

我還沒說完，她馬上接著說：「我就覺得很奇怪，為什麼別人都說我是不將就。我不是不將就，我的字典裡就沒有『將就』這個詞，早在我二十歲的時候，我就覺得，人生只要自己開心就好……」

等她充分地論述完「人生只要開心就好」後，我就順著她的意思說：「是的，自己的開心只有自己才知道，所以只要你覺得開心……」

然而她再一次打斷我：「為什麼你們都覺得只要開心就好？人生的意義在於……」

後來再聊什麼已經不重要了，無論她說了什麼，我認可與否都會遭到反駁，就算是她之前說過的觀點。

後來，我幾次試圖轉移話題，但都沒有成功，她就像一個學者發表學術論文一樣，慷慨激昂說完她的觀點，一頓飯吃了三個小時，我覺得很累。

回憶起來，她看似充實的生活和言論背後，透露著她生活中的空虛和落寞。

當她一次次地扮演正、反兩方的角色後，她自己也沒有意識到，在我眼裡，她已經分成兩個「她」，然後沉浸在自我的世界中，進行內在矛盾的鬥爭和辯論，而我在一旁尷尬得像一根電線杆。

◆

我還有個朋友，暫且叫她麗吧，是一個四歲孩子的媽媽。

有一天，她神色凝重地和我說，覺得自己不是一個好媽媽，就因為前幾天，她遇到了很久不見的大學同學，在交談中，這位大學同學對麗的育兒方法，進行了全方位的分析，並最終得出結論，小麗是個失敗的母親。

不僅如此，這位大學同學還給了她一套全新的育兒模式，並且極力要求小麗在以後的親子關係中去實施。這讓小麗非常懊惱：為什麼自己覺得已經很努力了，最後卻這麼失敗？

我聽後，先和她了解了幾個問題：

「這位大學同學有孩子嗎？」

「沒有，她還沒有結婚。」

「這個人從事的是教育相關的工作嗎？」

「沒有，毫不相關。」

「那這個同學是不是喜歡和孩子玩呢？」

「看不出來。那天聚會去了幾個孩子，沒見她和哪個小孩打招呼呢。」

我就問她：「那你為什麼會對她的話深信不疑，甚至懷疑自己不是一個好媽媽？」

她想了半天，恍然大悟，說：「她在和我講述的過程中，理論非常充分，而且一套一套的，就像個專家學者，我就像被人洗腦，覺得心悅誠服，但是跳出這個思考模式一看，又覺得她說得非常空洞，根本不值得採信。」

生活中就會有這樣的人，看似非常熱心而真誠，指出你的錯誤，並告訴你改進的方法，然而，她並不是真的在關心你，而是在享受指點江山帶給她的快感，甚至是透過貶低你帶給她一種心理滿足感。

在這種交流中，你會產生內疚自責，甚至讓生活失去平衡。一旦真的被她說中了，下次和別人吹牛，你就成了她拿出來說笑的例子了。

這種「偽」交流，非但無法真正地幫助你，反而會讓你感到不舒服，讓你深陷其中，茫然無措。

◆

回想從大學畢業到現在，也快十年了。端午節回了趟老家，遇到了幾個兒時的玩伴，多年未見，大家非常高興，立刻約了去喝酒，準備好好吹噓一番。

玩伴A談起離別十多年來她的生活狀態，剛說了一兩句，玩伴B就說：「我覺得你過得還真精彩，不像我，我讀完高中後……」然後開始講起她的故事。

起初，幾個人的談話還很熱絡，但是半小時之後，就只有玩伴B講她的故事，我們三人聽。因為無論誰說話，玩伴B都會用「你們不像我，我是這樣的……」來開始講她那失敗且無趣的前半生。

本以為會喝到半夜的酒，晚上九點就散場了。看得出來，除了B，大家都不怎麼愉快。當時開的聊天群組，才兩天就已經沒人說話了。

自以為是，強行以自己為中心，只關心自己的感受，要求他人迎合自己的交流方式，一樣是一種「偽」交流。

看似是聚會，實則她根本不在乎別人的故事和經歷，她在乎的是「傾訴」，或者說「發洩」，而不是「互動」。

類似的案例，在我們生活中無數次重複上演。究其原因，其實就是「主觀視角」在作祟。

就像法國藝術家馬塞爾．杜尚在一九一七年為「小便池」賦予的全新視角，讓它不再是生活中的一件普通物品，而是成了獨一無二的藝術品——《噴泉》，這件作品被視為二十世紀最具影響力的代表性作品。

其實，不在同一個頻率上的人，是沒有必要強行融在一起的。和人爭個面紅耳赤，也不過是想獲得一種對自我的認同感罷了。

明明頭腦思路不同的兩個人，誰能說服得了誰啊？不是同路人，就儘早散了吧。畢竟一輩子說長也不長，八字不合的倆人，是無法在老了以後，一起愉快地跳舞的。

40

不占別人便宜，是一個人的頂級教養

世界上百分之一的人是吃小虧而占大便宜，而百分之九十九的人是占小便宜吃大虧，大多數成功人士都屬於那百分之一。

1. 有便宜不占，等於吃虧？

近日，一則「撿到手機索要酬謝費不成，婦人怒摔失主手機」的新聞成為SNS上的熱門新聞。

有個年輕女生在上班路上弄丟了她的iPhone，被一位中年婦女撿到，誰知，見面時，該婦女竟開口索要一萬元酬謝費，女生無法接受，選擇報警，孰料中年婦女突然怒摔手機，把她的手機螢幕摔了個稀巴爛。

新聞一出，網友紛紛留言譴責該婦女這種行為，明明可以是一件拾金不昧的好事，卻活生生變成了撿到東西不還，藉機貪小便宜的鬧劇。

有的網友還非常幽默地評論道：「這個歐巴桑一定是這樣教育晚輩的：『不管撿到什麼東西，一定不要還。』」

「撿到的東西一定要還」、「不是自己的東西不能拿」，這是幼兒園老師就會教的道德常識。但是，這句話在這位中年婦人看來，彷彿就是一句笑話。

2. 天下沒什麼免費的午餐。

有人索要酬謝金，有人卻拾金不昧。後來又出現這樣一則新聞：

一位張先生在某家超商購物付款後，發現剛剛儲值的卡片裡餘額竟然高達八十八萬元。張先生發現之後，立即跟店員溝通並返還，經超商比對，原來是工作人員在儲值時，不慎輸入錯誤的數字。

在超商店長激動地想要感謝張先生時，他卻只是淡然地說：「不是自己的東西不能拿。」

不是自己的東西不能拿，貪小便宜吃大虧，這個道理人人都知道，卻不是人人都能深刻認識並做到這一點。

天下根本就沒有免費的午餐，天上不會掉餡餅，所以千萬別貪小便宜。

3. 好貨從來不便宜

在我們的身邊，因為貪小便宜而吃虧的事情還少嗎？

雙十一購物節過後，多少手滑愛買人士驚呼圖貨不符，紛紛退貨。

出外旅遊時，為了貪小便宜，報了價格最便宜的團，結果被司機和導遊強行拉去購物。

走在路上，為了領一把免費的扇子，掃了不明來歷的QR Code，個人資訊大量洩露。

網路上就有網友提到自己的家人因為貪小便宜而吃虧的經歷。

多年前，該網友的父母決定轉行跑運輸，於是準備買一輛麵包車，不懂車的他們糾結於要買新車還是二手車。

在買車資金充足的條件下，該網友提醒父母，二手車市場水很深，容易上當受騙，而且二手車的價格，跟新車只相差幾萬塊，如果二手車出現問題，修理費用很可能在使用期間大大超過與新車的價差等等。

但是，父母卻為了省那幾萬塊，執意選擇相信「朋友」，買了一輛二手車。

果不其然，半年後，這輛二手車就出現各種大大小小的毛病。先是換了引擎，接下來更換起動器，調整檔位，四個輪胎換了三個，更換雨刷、大燈，而且油耗一直很高。一年之內，這輛二手車的維修費用，很快就超過了當時與新車的價差，最重要的是，為了修車而耽誤的時間更是無法彌補。

這是一個赤裸裸貪小便宜吃大虧的例子。貪小便宜就會上當，平時聽得耳朵長繭的話其實都是各路前輩用血的教訓換來的，可是人都有貪心，總是稍不留神就犯了。

4. 貪小利影響一生。

貪小便宜不僅會讓人吃眼前虧，還會影響到整個人生。

或許有些人總覺得貪點小便宜沒什麼大不了，在公司拿點衛生紙、文具什麼的沒什麼，無傷大雅，殊不知，這些小細節卻展現了一個人的品格高低。

我有一位在某銀行分行當負責人的朋友告訴我說，有一次，她帶著一位下屬小女生出去做宣傳活動，活動結束後，兩個人開始收拾會場，不知道誰遺落了一把漂亮的陽傘，小女生看到後，心安理得地把它裝進了自己的背包裡，雖然朋友看著覺得怪怪的，但是也沒說什麼。

後來，朋友在公司發現，這個小女生很喜歡占各種小便宜，不管是筆還是Ａ４紙，甚至做活動用的小贈品，她都喜歡順手拿一些回去。

朋友告訴我，從此以後她對這個小女生就很不放心，稍微重要的事情都不敢交給她，尤其是跟錢掛鉤的事情，更是不會交給她。

最近，理財經理的職位有空缺，雖然這個小女生能力很強，形象也好，但是朋友還是不敢提拔她。理由很簡單：不放心。貪小便宜的人會讓自己快速貶值。

如果這個小女生，知道自己平時拿些紙筆之類小東西的舉動，竟然會影響到自己的升遷，一定會後悔不已吧？

在你眼裡看似沒什麼的小便宜，卻大大影響了主管對你的信任和看法。愛貪小便宜的人，通常格局不大，沒有高瞻遠矚的能力，也不會有太大成就。真正幹大事的人，誰會把那點蠅頭小利看在眼裡？所以不要自貶人格，暴露自己骨子裡的貪婪，而毀了自己的一生！

5. 不占別人便宜，才是頂級教養

愛貪小便宜，是很多人都會有的心理，但是，我們必須清楚地認知，愛貪小便宜，可能會給你帶來意想不到的損失。

如果你是一個無私主義者，你會發現自己比其他人高尚，但經常被身邊的阿貓阿狗占便宜，你會更苦惱。

如果你是一個利己主義者，你會發現，遍地都是和自己一樣愛貪便宜的人，世界爛透了，你會更苦惱。

中年婦女索要酬謝金這件事，已經引起了警方的重視，並介入調查。有律師表示，撿到他人財物拒不歸還，可能會涉嫌刑事犯罪，或許，她只是一時貪小便宜，卻沒想到會觸犯法律吧。

雖然都知道這樣不好，但是並沒有多少人會改變自己。究其根源，還是自己的貪婪欲望在作祟。

世界上百分之一的人是吃小虧而占大便宜，而百分之九十九的人是占小便宜吃大虧，大多數成功人士都屬於那百分之一。

不如就從今天開始，做一個有教養的人，提高自己的人生格局，從不占小便宜開始。

41

只要人人都獻出一點冷淡，世界將會變成美好的人間

那些人毫無分寸，過分「熱情」，對不合自己心意的事情，指手畫腳，彷彿自己站在道德的制高點，透過沒有分寸地譴責他人，來展現自己「高尚的道德品質」，卻全然不顧別人的感受。

1. 親戚之間，冷淡一點

這些年逢年過節時，總是能在網路上看到各種關於別人家孩子的新聞和情節。

在上學的被各路親戚詢問和比較成績，上班的就更慘了，不僅要被比較職位和薪資，還要被催著相親結婚生第二胎。

雖然大家編了很多橋段在網上反擊、調侃這種現象，可是誰也不敢對親戚問出「你知道我爺爺為什麼長壽嗎」這種話，只能小心翼翼地和親戚周旋。距離產生美感——說到底，親戚之間，還是缺少一些距離。

不以親戚之名，去打聽伯父伯母之間的滿地雞毛；也不以愛之名，去詢問阿姨兒子的成績。拉開一點距離，給彼此一點喘息的空間，獻出一點冷淡，世界將會變成美好人間。

2. 上網，少管閒事

如果說家裡的親戚，因為親情還有所顧忌的話，那麼很多人在網路上的發言，就肆無忌憚多了，甚至把手伸到了別人的領地上。

有些ＫＯＬ在網路上吐槽明星，若是敢打出全名，大概很快就會有一大批粉絲到達戰場，哪怕是只打出姓氏的注音，也難逃一劫。

我身為八〇年代出生的老男人，感覺自己已經與時代脫節了，完全無法理解狂熱粉絲一系列匪夷所思的行為。

如果說娛樂圈波及路人的事件，還屬於小打小鬧的話，那麼網路暴力，則屬於殺人放火於無形了。

除了明星，也有很多的普通人，受到了網路輿論的傷害。

最近很多人感嘆，如今網路上有趣的人越來越少了，很多曾經有趣的人，都因為網路上的戾氣而離開。身為一個普通人，我實在是無法理解某些鍵盤酸民的大腦迴路，但可以肯定的是，那些人毫無分寸，過分「熱情」，對不合自己心意的事情，指手畫腳，彷彿自己站在道德的制高點，透過沒有分寸地譴責他人，來展現自己「高尚的道德品質」，卻全然不顧別人的感受。

3. 線上世界和平，現實世界也和平

小時候上英語課，老師就告訴我們，問別人幾歲了是不禮貌的，和外國人聊天可以聊天氣，但不能問對方的隱私。

但為什麼我們彼此見面就問在哪裡工作、結婚了沒有、孩子幾歲這些隱私呢？誠然，華人更習慣於家族式的生活，一大家子人在一起，也更難保護隱私。但隨著社會的進步和發展，人們更希望能留有自己的空間，保持人與人之間的距離。

不管是日常的親戚相處，還是網路社交，都保持一點冷淡，不過分關心他人的事，不對別人的事情指手畫腳。

每個人都有自己的選擇和生活方式，只要不犯法，不違背公序良俗，其他人都沒有資格去指手畫腳，更沒有權利去指責。下次過年見到姪女，就別問她考了幾分了，問問她在學校開不開心，有沒有人欺負她；見到表弟也別問他年終獎金領多少了，問問他在外地累不累想不想家吧。我們這一代人，隨著網際網路一同出生成長，更有責任和義務維護網路空間的潔淨。

少抬槓多按讚，不侵犯他人領地，也不居高臨下地指導別人，管好自己的事，少管閒事。密集的鋼鐵城市森林已讓人喘不過氣，就讓人與人之間拉開一點距離，保留一點空間。

人人都獻出一點冷漠，世界將會變成美好的人間。

42

「現在的女生有多隨便？」「你怎麼不去問男生？」

我有個哥兒們，按他自己的說法是一個經常與女性發生關係的人。有一次吃飯聚會，閒聊的時候，有人問他：「你就不怕你約的女生髒嗎？」他笑了笑回答道：「如果按你的說法，我比她們都要髒。」

今天逛知名問答網站的時候，看到了這樣的一個問題：「現在的女生到底可以隨便到什麼程度？」

下面一共八百多個回答，隨便一滑，評論基本上一面倒，都在告訴我們：現在的女生真的很隨便。

出於好奇，我又點開了相反的問題討論串：「現在的男生到底可以隨便到什麼程度？」

空空的頁面上只有三個回答。

與此同時，還有無數關於女生的問題：「到底有多少easy girl ？」、「現在的女大學生到底有多隨便？」、「被包養的女生真的很多嗎？」……這樣的提問非常多，而且每一個下面的留言，都非常熱鬧。

我們來看看使用者，根據該網站的用戶分析報告，用戶大學學歷占64.5%，而碩士及以上學歷占15.6%，高學歷人才比例達80.1%；用戶人群中位於大都市的占據前幾名，性別比例中，男性比例51.55%，女性48.45%，略微偏少。

在這樣以高學歷、經濟發達城市用戶為主的平臺上，對於「物化女性」這個社會議題，也沒有「落後」於其他平臺。

「性觀念開放我沒意見，但我結婚一定要處女。」一個匿名回答如是說。我有個哥兒們，按他自己的話說是一個經常與女性發生關係的人。有一次吃飯聚會，閒聊的時候，有人問他：「你就不怕你約的女生髒嗎？」他笑了笑回答道：「如果按你的說法，我比她們都要髒。」為避免尷尬，我們都沒有繼續這個話題，談到了別的東西。

如果從市場需求來說，在我身邊的觀看情色電影的男性女性比例相差並不大，就像大學宿舍裡男性會討論女性，而女性也會討論男性一樣。

然而，情色電影並沒有表現出這一點。

直到現在，女性都從來沒有擺脫男性附屬標籤這樣荒謬的屬性。

「性經歷，是評價女性的唯一標準。」這句話在一定程度上有失偏頗，但又很有道理。

一個女性，就算有博士學位，自給自足賺錢，年薪上百萬，如果她是一個性觀念開放的女性，仍然會被氣急敗壞的男性否定，甚至是被自己的親人否定。

而一位男性，如果物質基礎豐厚，但經常出入酒店夜店，與不同女孩牽手，那他獲得的評價會是風流倜儻，大家會覺得這很正常。

男性的性經歷，不會成為他人評價男性的某一標準，但女性的性經歷，會被男性當作結婚的荒謬標準。

◆

除了性經歷以外，社會在各個方面對女性的要求，也比男性更高。而這樣的狀況，也在許多國家發生。

韓國文化廣播公司的主持人林賢珠，在一次直播新聞的時候戴了一副眼鏡。而僅僅是這樣一個行為，就在韓國網路上引發了一波口誅筆伐的輿論熱潮。

在韓國，女性上街戴眼鏡都會成為被釘在恥辱柱上的事。

最近的調查中，有五百五十二名韓國被訪者稱沒見過女同事戴眼鏡。但是在韓國，三十歲以下的人有百分之七十是近視眼。

就算這樣，在大街上，你能看見戴眼鏡的韓國女性，也是寥寥無幾。

「明天公司活動，女生都化妝，男生把頭洗乾淨穿好看點。」相信很多職場的朋友，都聽過這一句話。

我們要清楚一個邏輯：因為愛美，所以我化妝，而不是因為我身為女性，所以要化妝。

根據調查指出，中國一、二線城市的女性，平均每天用在化妝上的時間為三十分鐘，用在保養皮膚上的時間為二十九分鐘，全國女性每年在化妝品上花費平均在一萬五千元左右。

在北上廣深，以北京為例，平均通勤距離為十三公里，而平均通勤時間為五十六分鐘。我們繼續計算，假設一個公司早上九點正常打卡，提前一小時是八點，每天化妝需要三十分鐘，再加上每天選擇適合當天的服裝、盥洗、吃早餐等時間，要三十分鐘，也就是說，在北京工作的職場女性每天需要在七點鐘之前起床，才能夠保證自己上班不遲到。

且不說職場，在大學，我曾經問過我身邊的女生，你們平均每天幾點起床，花多久時間化妝？

對方給我的回答是，每天早上要六點半左右起床，然後化妝，七點半去上早自習。

但是如果太晚起床或者實在太累，她們通常會選擇戴口罩。

◆

現代社會的男性和女性，不論性別，都正在陷入越來越不好的境地，都正在莫名其妙地被貼上各種各樣的標籤，成為各種各樣奇怪的附屬品。

而恐怖的是，大部分人並沒有意識到這樣的現狀，依然在網路上張牙舞爪暴露著自己的醜態。

《我們與惡的距離》裡有一句話，大意是：所有的犯罪，最後都會怪到社會體制上。但在我們怪罪社會體制之前，還是先反思一下自己比較好。

43

和父母最好的溝通方式，其實是不溝通

長輩們的人生地圖上，早就遍布了他們用幾十年的經歷做下的記號，而人往往會受制於先入為主的觀念，更不用說那些指導了自己那麼長時間的觀念。

最近，一個朋友遇到了狀況，是非常多人都會遇到的狀況。

他和父母產生衝突，因為他的工作問題。父母希望他穩定，老老實實考個教師證當老師，而他想要發展，從事自己喜歡和熟悉的行業。

因為這個問題，他們曾經無數次爭執，父母覺得他好高騖遠，他覺得父母不可理喻。各路親戚也不斷灌輸他各種所謂的逆耳忠言，希望他能夠聽從父母的話。他反覆解釋，始終得不到理解。

在最近一次家庭聚會裡面，父母又再次和一群親戚七嘴八舌地發起圍攻。最後，他只能強忍自己當場掀桌子的怒氣吃完那頓讓人惱火的飯。

「我真的完全不知道，要怎麼和父母交流，才能讓他們把我的話聽進去。」他一口氣喝下半瓶啤酒，滿臉通紅地說。事實上，這是現在無數年輕人面臨的問題。

◆

「為什麼父母總是不肯聽我的話？」

高中畢業的時候，面對一堆學校和科系，你萬分艱難地選出自己喜歡的，父母卻不斷地向你提出你並不需要的指導，用他們的判斷告訴你，什麼科系好什麼科系壞，應該去外地念書或者是留在家附近。

當你面臨畢業，父母會比你更焦急地去想你以後應該做什麼；當你找到一份合適的工作，開始自己賺錢，過著專屬於自己的日子，結果又因為父母每一天的催促，不得不在週末去應付那個自己根本不認識的相親對象。

我們日復一日地，向父母解釋自己想要怎麼樣的人生，一次又一次地爆發爭吵，但最後大多都只是無功而返，在一句「我吃過的鹽比你吃過的飯都多」之下落敗。

隨之帶著滿腔不被理解的委屈，又陷入痛苦與折磨之中。

◆

無數人企圖用語言和溝通來化解這場矛盾。

但事實上，絕大多數人最後得到的結果，都只有失望地在搜尋引擎上查找「如何和父母有效地溝通」，然後找出一大堆媒體寫的勵志宣揚「父母的嘮叨其實是他們的愛」或者「愛是化解一切矛盾的根本方法」之類主題的毫無幫助的文章。

事實上，在當代年輕人和長輩之間，溝通，很多時候是沒法實現的。

首先，年輕人和長輩之間所有的矛盾根源，就在於生活觀念的不同。就像很多上一輩的人認為女生一定要在三十歲前嫁人，而當代年輕人，想法不再局限於此。不同的觀念碰撞在一起，自然就會有隔閡和衝突。而且最重要的是，這種衝突是非黑即白式的、不可調和的。

就像你不論怎麼論述自己想從事的行業有什麼潛力，或者三十歲還不結婚其實有哪些原因，長輩們都是不接受的，為什麼？

人生就像一張地圖，而人生的過程就像是在這張地圖上不斷地做記號，把這張地圖補充完整。長輩們的人生地圖上，早就遍布了他們用幾十年的經歷做下的記號，而人往往會受制於先入為主的觀念，更不用說那些指導了自己那麼長時間的觀念。

大多數人，都不肯回過頭去，在自己的地圖上做出更改，或者重新做一個記號。所以，我們往往都沒有辦法去動搖長輩的觀點。

同樣地，身為一個獨立的個體，年輕人有著自己看待世界的視角，很多東西都有自己的想法和見解，在處理問題時有著自己的方式，且年輕群體有著一個共同的特點，即不輕易妥協。因此，雙方往往會處於一個觀念對峙的狀態。

更加令人覺得無奈的是，我們沒有辦法去指責對方什麼。因為對方的動機，往往都是「為你好」以及所謂的「愛與關懷」。

當然，這種愛太過密不透風，令人難以呼吸。如果我們去辯解和爭論，最後的結果很可能是自己墮入道德低位。

◆

那麼我們要怎麼處理這個問題？

沒有錯，我們能夠採用的最好的方式，就是不溝通。

有些「聖人」這個時候就會跳出來說：「逃避不能解決問題，問題是不會自己消失的。」而事實上，能夠解決問題的不是溝通，而是「有效的溝通」。

在長輩和晚輩之間，觸及重要的問題時，往往很難存在有效溝通，因為雙方的觀念不一致，而且一方沒有辦法說服另一方。

在這種時候，溝通反而會變成點燃引線的火苗，使雙方的關係變僵。所以，最有效的方法，就是盡量迴避或減少溝通，透過時間來解決這個問題。

村上春樹說：「不是所有的魚，都生活在同一片海裡。」即使對方是你的父母，他們也是相對的獨立個體。我們能夠做的，就是「該幹嘛就幹嘛」。想清楚自己的人生，做自己要做的。

不要試圖和父母長輩，論述自己的宏圖偉業。低下自己的頭，默默地去做就好。

經過一段時間後，當我們走出自己的路，過出自己的人生：成功了，他們自然就閉嘴了；失敗了，你連呼吸都是錯的。

PART 6

感情裡的錐心真相

44

就算朋友遍天下，你還是個Nobody

成年人的交往本身就帶有互相利用的性質。你沒有可以提供的資源，別人的資源自然也就不會落到你身上。

從什麼時候開始，我們變得格外注意人情往來？

有多少次，哪怕內心千萬個不願意，也要去參加一個個飯局，只是為了在飯局上多認識幾個人來「發展人脈」。

有多少次，明明想多讀幾本書，卻被朋友慫恿著打開遊戲，就為了能夠在別人問起「你玩過ＸＸ遊戲嗎」的時候顯得合群。

有多少次，下班之後累到只想攤在床上，卻又不得不回應不斷跳出的訊息通知，不管別人有沒有考慮過自己到底想不想聊天，就怕別人說自己裝模作樣。

可是當你真的接受邀約時又發現：你原本想要的並不是這些，你不辜負每個人的期待，但又一無所獲。

「在ＳＮＳ上發個文都要小心翼翼，看看有哪些詞會得罪人。」

「吃喝玩樂的時候一找一大堆，幫忙的時候怎麼找都找不到人。」

「難過的時候翻了好幾遍通訊錄，卻發現連個可以說話的人都沒有。」

◆人的社交關係分為強關係、弱關係和休眠關係三種：

強關係連接熟人和親朋好友。

你們經常往來，感情深厚，彼此有共同的生活朋友圈或興趣，了解的資訊和事物是相同或者類似的。

弱關係連接同學、親戚或者合作夥伴。

你們通常溝通和互動較少，但有一定的情感基礎，各自的生活、工作圈不同，資訊呈現多元化，彼此了解到的事物也是不同的。

休眠關係連接相對陌生的其他人。

你們通常會因為種種原因而打過交道，有過相關利益連結。在彼此之間維護關係的因素消失之後，你們之間的關係也會隨之斷裂。

強關係是我們生活的核心圈，弱關係是隱性的資訊交流管道。這兩種關係，就是我們所理解的所謂人脈，而其中往往伴隨著一定的感情連結。

而休眠關係不同，休眠關係之中的感情連結非常薄弱，甚至可以說完全沒有。

◆

很多人對「社交」有一些誤解，常常以為遇到的人、去交往的人都能夠成為自己的人脈。所以我們下意識地不願意放棄每一個能夠與其他人締結聯繫的機會。

但其實我們很多的社交活動所引發的關係都是休眠關係。

飯桌上觥籌交錯，其樂融融，飯桌下還有誰記得你敬了多少杯酒？遊戲裡你控制全場，隊友瘋狂為你加油，遊戲外有誰會管你能不能抓住升職加薪的機會？

你以為你交友廣泛，其實對於其他人來說，你不過是個Nobody而已。所以我們才會有「交了那麼多朋友，卻沒有一個可以交心」的感覺。

如果你一直以小人物的身分參加各種應酬，那你就只能一輩子都做個小人物了。

J就是這樣的人，他熱衷於在各個人際圈裡面露臉。

在我和他的共同好友之中，幾乎每一個人的SNS發文都有他的留言和按讚，幾乎所有的群組聊天裡面都有他的身影。

今天和這個人一起吃飯，明天和那個人一起唱KTV，後天又和其他人一起喝酒聊天……好像走到哪裡都有他的朋友一樣。

我曾很羨慕他的交際能力，一直以為他會是我認識的人裡面發展最好的那一個。

後來，某天跟一個也認識J的朋友聊天談到他，才知道他這兩年的生活也不怎麼好過。

朋友的原話是：「他幾乎把所有的錢和時間都用在應酬上了，反而沒時間提升自己的專業能力，所以升職加薪也就一直輪不到他。他就一直在原地踏步。」

◆網路上有個「一百人法則」：

一百人之中只有一個人具備生產內容的能力，十個人會與其互動，剩餘八十九人都是瀏覽為主的內容消費者。

如果你是那個能生產內容的人，能為其他九十九個人創造價值，那就會有九十九個人認可你。如果你是一個能跟其他人互動的人，就能和其他十個人透過碰撞而提供價值，那麼就會有十個人認可你。

如果你只能默默瀏覽內容，無法為別人提供價值，那麼認識你的就只有你自己。

成年人的交往本身就帶有互相利用的性質。你沒有可以提供的資源，別人的資源自然也就不會落到你身上。

你能提供的價值才是最好的名片，你認識多少人並不重要，重要的是你能為多少人提供價值，有多少人認可你的價值！

而對這種價值的認可程度決定了你在別人心目中的地位。

就像《奇葩說》的辯手楊奇函說過的那樣：「五十元的人民幣設計得再好看，也不如一百塊更招人喜歡。」

想要得到他人認可最有效的辦法，永遠是好好經營自己。「人無我有，人有我優，人優我特」才是你擺脫小人物身分的最好途徑。

45

喜歡就去爭取啊，你看上的東西還等著別人搶嗎？

喜歡的東西，就要選自己承受範圍內最貴的，其實這樣反而最划算。如果暫時買不起，就不要買。

最近我迷上了喝紅酒，就去一家實體店逛了逛。很快相中了一瓶法國紅酒，拿著就準備去結帳了。

一位銷售員走了過來：「先生看紅酒嗎？你那瓶兩千多，不如這款，正在做活動，一千五買一送一。」

後來又吧啦吧啦說了一堆，反正大概意思就是這兩種等級差不多，買這瓶CP值比較高。

想想也是，我又不懂紅酒，就是喝著玩玩，就這樣我省下了幾百塊錢，還多拿到一瓶酒。

回家我就後悔了。

倒不是說這兩瓶酒不好喝，而是我一直惦記著最開始選的那瓶。導致我每次喝這兩瓶酒，都像執行任務，想快點喝完去買那一瓶。

第一眼看中的東西，就是最想要的。無論替代品多麼接近，都沒辦法代替它。

◆

這讓我想起另一件事。

幾個月前周杰倫開演唱會，我和朋友分別買的票。我花五千塊買了張內場前排的，朋友花七百塊買了看臺後排的。

朋友吐槽我：「你錢多得沒地方花了吧？」

我不以為意：「他一年才來開一次演唱會啊！」

演唱會當天，寬敞的體育場裡，周杰倫就在我面前十幾公尺的地方，視覺效果好到爆炸，而朋友則淹沒在看臺上耀眼的螢光棒中。

演唱會結束我們去喝酒，朋友抱怨自己側著身子看了一整場電子螢幕，結果脖子痛，還不如在網路上看直播效果比較好呢。

喜歡的東西，就要選自己承受範圍內最貴的，其實這樣反而最划算。如果暫時買不起，就不要買。總是欺騙自己，時間久了就習慣自己被欺騙了。

不管是人是物，喜歡就儘快下手，不要磨蹭半天猶豫不決。有些事寧願做了後悔，也不要後悔當初沒有去做。

別再消耗時間了，再這樣下去，等待你的，依然不會是新的篇章。除了按部就班日復一日無可奈何地過活，還有一事無成，一場糊塗，一路迷茫。

醒醒吧，年輕人！

如果你不努力，很快就會被社會淘汰的；但如果你努力了，至少過幾年才會被社會淘汰啊。

46

要是有希望，誰還結婚啊？

很多人結婚就是為了給自己失敗的人生找個藉口，如果獨身一人，度過失敗的一生，只能怪自己失敗，如果結婚了，還能怪另一半，只是嘴上不承認罷了。

這幾年身邊有結婚想法的人越來越多了。雖然這兩年佛系生活的人氣很高，但對於單身狗們來說，內心深處的寂寞，還是隨著年底的到來接近頂峰。

有趣的是，這些人想結婚的理由大都與愛情無關。有的是受不了家裡連環奪命催婚了，想趕緊堵住悠悠眾口；有的是覺得一個人在外獨居的成本太高了，找個對象至少還能平攤一下房租；有的只是想看看能不能釣個金龜婿讓自己少奮鬥個幾十年；還有的人只是為了趕快合法生個孩子，怕自己以後歲數大了生不成而絕後了。

其實很多人結婚就是為了給自己失敗的人生找個藉口，如果獨身一人，度過失敗的一生，只能怪自己失敗，如果結婚了，還能怪另一半，只是嘴上不承認罷了。

完美的婚姻僅在小說裡。

現實中的婚姻，是一個被人類過度美化的東西。婚姻裡的各種利害關係，以及各種生活瑣事，都被人選擇性忽略了。

◆

有位粉絲也曾問過我類似的問題，我當時的回答是：「兩個人都是弱雞，就是最穩定的婚姻。」

父輩那些人能安穩過了一輩子，很大原因是那個年代物質匱乏，人需要相互取暖才能活下去，加上當時的思想傳統，也沒現在這麼多元化，所以「忍忍就過去了」、「將就一下就好了」是行得通的。

現在整體的大環境和幾十年前大不同，大家更注重自己的幸福指數，誰要是說「將就將就吧」，基本上對方下一句就是「你這麼將就怎麼不另尋高就呢」。

很多人自己要什麼條件就沒什麼條件，還總是謎之自信地認為，能找到有錢有顏的另一半。殊不知你不願和沒房沒車的男人結婚，而有房有車的男人同樣看不上你啊。

大家都很忙，沒有好處誰也不會理你。別總幻想王子愛上灰姑娘的故事能在自己身上發生，再說了，灰姑娘也不是窮光蛋，灰姑娘的爹也是伯爵呢。

至於整天被催婚催得煩，想盲目結婚的，我建議你們也聽我說兩句。

其實催婚和問「你吃飯了嗎」性質差不多，就是隨口說說，人們對於和自己沒有利害關係的事情總可以暢所欲言，俗稱站著說話不腰疼。你一定要理智，可別被拐走了。

那些沒有設身處地為你著想的建議，肯定是很糟糕的建議，聽信糟糕的建議代價是很昂貴的，而且是你自己承擔。

對於那些整天沒事幹的碎嘴老人，我真心奉勸你們，別再逼婚了，每個人只能對自己負責，沒有人需要一模一樣的罐頭人生。其實，你們根本不敢對子女的婚姻幸福做出承諾對嗎？那麼，帶著你們的老伴去跳土風舞吧，那才是屬於你們自己的幸福時光。

◆

最後，想對整天著急生孩子的這群人說，沒錢您就真的別生了，孩子受罪。

接觸過很多匆匆結婚又匆匆生育的人。從旁人的角度很容易看出來：孩子生下來他們就後悔了。但承認這點實在太可怕，所以絕不承認，再把壓力和焦慮轉嫁到孩子身上：對他們苛刻如債主，折磨壓榨，然後把這種苛刻解釋為關愛，妄想他們飛黃騰達然後帶著自己也走上人生巔峰，把行為合理化。

事實上，父母才是孩子真正的起跑線，你自己混得不怎麼樣，你家孩子的終點都搆不著別人家孩子的起跑線，不心酸嗎？

以前看過一個故事，說這世上有一種鳥，自己飛不起來，就在窩裡不停下蛋，逼下一代小孩子努力飛，飛不起來就罵孩子不爭氣。這簡直就是許多父母的真實寫照。

47

朋友之間是如何變淡的？

友情裡最讓人唏噓的時刻是，一開始我把你當成值得深交的人，後來因為某些事對你有些微的失望，於是不斷說服自己人與人之間本該如此淡薄，又把你放回到一個普通路人甲的位置上，與你維持著表面的和平。

閒來無事，翻看以前的通訊錄。看到很多熟悉的名字，曾經感情那麼好，現在也漸漸不聯繫了。

突然掃到一個醒目的名字，很久沒看到過他的動態了，出於好奇點開了他的個人頁面，結果發現自己被封鎖了，什麼也看不到。

朋友之間是如何變淡的？

不一定非要有什麼理由，也許只因為，歲月在變遷，彼此在成長吧。

就如同四年的大學生活，你們睡在同一個寢室裡，上同樣的課程，吃同樣的飯菜，甚至走同樣的路，這容易讓人產生一種錯覺：我們一起經歷過那麼多事情，喜怒哀樂都能一起感受，我們是最好的朋友。

於是，你們在畢業那天，喝得爛醉，有些人情到深處，不禁流下滾燙的熱淚，大夥兒抱在一起，哽咽著說：「畢業後一定要保持聯繫，友情不能忘。」

好朋友是有階段性的，時間和空間是扼殺感情的兩大殺手。

剛剛畢業，你們有太多的不捨，於是你把他們拉進同一個群組裡，大家有事沒事都在群組扯這扯那，但說來說去，無非都是對過往的追憶，沒有多少新鮮的東西。

笑話講久了，都會膩，何況回憶。

沒過多久，你們的群組安靜了下來，彼此的互動更是少之又少。

你終於明白，所謂的朋友根本不是同一類人，只是在某個時間點，我們出現在同一間教室，我們需要有人陪我們一起上課吃飯喝酒聊天買衣服，而恰好他們也有這個需求，所以我們各取所需，天天在一起，這讓我們誤以為彼此情感上很近，實際上我們只是空間上近而已。

友情裡最讓人唏噓的時刻是，一開始我把你當成值得深交的人，後來因為某些事對你有些微的失望，於是不斷說服自己人與人之間本該如此淡薄，又把你放回到一個普通路人甲的位置上，與你維持著表面的和平。

這一系列的心理變化過程，你連半分都不知。

多年後我們再遇見，當音樂的前奏響起時，我想到的是〈好久不見〉，而你想到的是〈不如不見〉。

48

我們都缺一堂生命課

很多時候我們的生活，都是充斥著痛苦與空虛的，比如日復一日的無聊工作，比如突如其來的病痛，比如防不勝防的人渣。

最近有兩個報導，令人覺得無比遺憾：一位少女在眾人的圍觀和慫恿下跳樓自盡；三名男生在SNS群組上相約燒炭自殺。

兩件事情毫無聯繫，事件發生的過程與糾紛，也沒有任何相似點。

許多人要麼圍繞著人性的醜陋進行批判，要麼對平臺是否對聊天內容進行監管的問題展開激烈討論。但是在整個過程裡面，有不少人忘記了一個重要的問題。這兩個事件有一個重要的共通點，那就是青少年自殺。

大概有些人會注意到，這並不是個案，每隔一段時間，我們就會從網上看到類似的事情。

每一次，我們都會覺得遺憾和惋惜，但每一次，轟動和討論過後，這樣的事情仍然在不斷發生。

◆

有時候，我們在痛斥相關社會問題的時候，也會不由自主地想到：

「我們的年輕人到底怎麼了？」

有不少人會將原因歸咎於，現在的年輕人心理承受能力太差，遇到一點點事情，就要死要活。

然後，將幾十年前那些物質匱乏的日子搬出來，告訴年輕人們，以前人們就算挖草根啃樹皮，也要活下去，試圖以此提醒年輕人：「你們現在的生活這麼好，還有什麼好自殺的？」

事實上，這根本沒有指出問題的本質。

過去的人們所面對的，是物質的嚴重不足，他們要對抗的就是死亡本身；而當下人們要應付的，是來自各個方面的壓力。這些壓力在很大程度上，是精神的壓力。

當一個人長時間處於精神高壓的時候，死亡就不再是對抗的對象，而是一種尋求解脫的途徑。我們需要認清的事實是，在這種現象的背後，隱藏著的是年輕人對於生命和生活認知的不足。

不論青少年出於什麼原因而自殺，根源幾乎都可以歸納到這一點。

因為經歷不足，年輕人對於生活的理解，天生帶著一種理想的有色眼鏡，會下意識地用美好的眼光去看待世界。

但事實上，很多時候我們的生活，都是充斥著痛苦與空虛的，比如日復一日的無聊工作，比如突如其來的病痛，比如防不勝防的人渣。

內心單純的年輕人們，遇上這些情況，期望與現實的差距，很容易在內心造成巨大的落差感，尤其是當他們受到侵犯或傷害的時候，這種落差感，更加容易演變成為一種長期且深刻的陰影。

◆

因此，我們需要的不是「自殺不能解決問題」這種上帝視角的觀點，更不需要什麼「生活是美好的」這種陳詞濫調。

我們需要的，是要認識所謂生命的本質。

世界並不全是美好的，生命也不像透過柔光濾鏡所看到的那般精緻華美。生命中偶爾也會有陰影，但是，當我們覺得內心空虛的時候，更需要記住的一點是，生命沒有什麼特定的目的和意義，活著本來就是生命的目的之一。

在保羅・范赫文執導的法國電影《她的危險遊戲》（Elle）裡面，女主角蜜雪兒慘遭強暴，但她仍然該上班的時候上班，該吃飯的時候吃飯，保持著自己一貫的生活，甚至憑一己之力與罪犯鬥智鬥勇。

面對生活的痛苦，她始終堅持著一個原則：活下去並與之鬥爭。

當我們受到傷害的時候，想想那些曾侵犯我們的人仍然苟活在世上，但我們卻因為他們而放棄自己的生命，這真的值得嗎？

我們從小被教育，要愛護生命。可是愛護花花草草的年輕人們，卻對自己的生命極其輕視。

尋求死亡，是因為我們見識到了生活的不易，但死亡不過是對這種不容易的妥協與逃避。我們堅持活著，不僅是為了不讓愛我們的人傷心，還是因為我們不應該因為這種不易而放棄我們自己活著的權利。

在這個世界裡，我們只能夠堅強一點，努力一點，變得強一點，才能讓這個世界不顯得那麼糟糕。

這個世界雖然不完美，但我們仍可以治癒自己。

49

別太把自己當回事

很多時候，我們在感情裡太過糾結，不過是因為刻意想要增強自己在對方心裡的重要性。

如果總分是十分，你可以隨便問一問身邊的人，你對他們的重要性有幾分？

可能你已經有所預期。但是，放心吧，倘若每個人都發自內心去打分數，除了你的父母，其他人都會讓你失望。

前段時間，身為實驗者，我參與了一項心理學實驗的研究。

我把帽T前後顛倒過來穿在身上，有帽子的一面穿在前面，然後故意在人群中走動，自我感覺被無數雙眼睛注視著。

但經過近兩個小時的實驗和採訪，最終卻僅有不到百分之十的人，注意到我把衣服穿反了，絕大多數人都絲毫沒有察覺。

儘管我在實驗前，有一定的心理準備，但對於結果，內心仍有很大的失落感。

這個實驗是為了驗證「聚光燈效應」。所謂「聚光燈效應」，指不經意地把自己的問題放到無限大，人們常常認為自己會被過多地注意到，自己會是受人矚目的主角，而事實並非如此。

換一件衣服，換個髮型，就覺得會引起大家注意。甚至故意說一些話，做一些動作，吸引他人的注意力。

這些行為和想法，真的很可笑。如果你不是萬人追捧的明星，其實真的沒有人會在意你做了什麼。

◆

你沒有自己想像的那麼重要。

我們總是認為自己很重要，習慣性把自己的感受放大，進而認為全宇宙都對不起你。

別人拒絕了你，就是傷害你了嗎？別人只是太忙而忽視你了，誰也沒有義務把你當作世界的中心。你憑什麼指責別人做得不對？是你一直給自己加戲，覺得所有人都對不起你。可是，別天真了，這個世界上沒有任何人對不起你。就算對不起，又能怎樣？

別把自己看得那麼重要，你眼中的這些所謂的大事，在別人眼裡，根本就不是什麼大事，你不過是一直和自己較勁。

以後不要再顧影自憐了，那不過是在證明你的無能。不要成為一個矯情的人，也不要再去指責任何人，因為你還沒有資格。

◆

非常反感和一種人相處，這種人似乎總是毫無理由地生氣，習慣讓對方去猜測你的心思。這個世界真的沒多少人懂你，更沒多少人有閒情逸致去猜你怎麼想的，別自以為是。

例如在戀愛中，遇到不滿或者問題時，我們總會覺得，即使不說，但對方也該感受到，你認為對方可以知道你的想法，你習慣了讓別人猜測你的心思。而事實是，你不說只會讓自己更難過，沒有人可以察覺到，而且只會讓事情變得更複雜。有多少關係就是在這樣的猜來猜去中猜沒了的。

◆

很多時候，我們在感情裡太過糾結，不過是因為刻意想要增強自己在對方心裡的重要性。

你患得患失，反覆確認自己的獨一無二。你努力想要讓自己成為對方生命中的主角，卻忘記了你永遠都是他人生命中的過客。

愛情，是高尚純潔的，但即使再親密的關係，也需要有適當的距離，你很重要，但每個人生命中的主角，都只是自己。

你想要什麼，不想要什麼，你有不滿，你是否願意，是否接受，以後請直接表達出來，不要再相信別人是可以察覺到的，是可以明白的。

也不要把所有的關係，都搞得那麼累。

◆

有時候自己做了一些錯事，一些自覺尷尬的事，就覺得無地自容，其實真的沒多少人在意。

只要你沒有影響到別人，你隨便做什麼，都和他人無關。

其實想清楚這件事情挺好的，你可以更加隨心所欲地活著，一件事只要你想做，那就儘管去做，根本不用在意任何人的眼光，因為別人的眼光也不會在你身上。

我曾經非常在意一種唯一感，我在別人心中必須是獨一無二的。但其實你只是對於自己是獨一無二的。

我不會再生無用的氣，更不會覺得誰對不起我，這個世界上根本不存在誰對不起誰。

我不在乎別人怎麼對待我，我可以原諒。因為不在乎，所以才可以輕易原諒。大部分人最愛的都是自己，所以不要去考驗人性。

你永遠都是別人生命中的過客，所以請做好自己生命中的主角。

50

「如何快速地失去一個朋友？」「借錢給他。」

任何時候，借錢最好的狀態就是不影響你的生活，甚至包括心情，一旦生活和心情受了影響，那麼你就會發現損失的不單單是錢，還有你寶貴的精力和寶貴的心情。

見過太多「一旦借了錢就再也做不了朋友了」的朋友，在借錢這件事上「不要對自己的心胸太樂觀」。

前陣子，一個曾經蠻交心的朋友跟我借了幾萬塊，最近到了說好要還錢的時候了，結果短期內還不了。

雖然這錢於他於我都不多，而且以他的吸金能力，應該一兩個月就能周轉開來，但我們的兄弟友誼已然有了細微的裂痕。

朋友間是不能借錢的。

當情感關係扯上利益，原有的情感便不那麼純粹了，利益會對情感產生異化作用，簡單說就是錢傷了感情。

金錢牽涉雙方的利益階層，如果打破了平衡，也就破壞了以往的關係。

隨著借還關係的確定，兩人間的心理距離也慢慢變遠，可能借錢的時候還不明顯，但還錢的時候一定能察覺到，一旦違約，債主這個時候就會受到金錢、情感的雙重傷害。

正如猶太人的一句諺語說的那樣：借錢給朋友等於花錢買敵人。

借錢是一種風險和收益嚴重不成正比的事情，借錢給人家，假設對方用你借的錢發了大財，最多也就多還你一點定期利息而已，但是如果對方出現問題，你就血本無歸了。

出問題的機率有多大？每個借錢的人都不覺得自己會出問題，但是結果呢？結果就是有問題的時候，一切都來不及了。

所以，無論從什麼角度來看，借錢絕對是一件你無論怎麼算都不划算的事情，屬於典型的風險無限、收益有限的事情。

誰做誰傻，真的。但是我們不得不承認，我們還是經常會做這種傻事。為什麼？本質上因為你是好人，當然換個說法是你臉皮薄。

如果你非要當冤大頭，那麼如何將損失降到最低呢？

借錢第一原則：時刻記住，必須是在你能力範圍之內借錢，永遠不要超越你的能力去對別人好。

借錢第二原則：與其借了錢還天天想著別人什麼時候還錢，還多少錢，還不如假設所有借出去的錢都是要不回來的。

借錢第三原則：不要信「救急不救窮」的鬼話，急和窮不重要，能不能還錢才重要。

我其實從來不相信世界上會有人因為我不借錢然後變得不好了，我們都沒有自己想的那麼重要。

任何時候，借錢最好的狀態就是不影響你的生活，甚至包括心情，一旦生活和心情受了影響，那麼你就會發現損失的不單單是錢，還有你寶貴的精力和寶貴的心情。

自己沒錢，卻看著別人用你的錢在花天酒地，那種心情，絕對是想打自己耳光的心情，這種心情你還是別嘗試了。

51

這代年輕人，消費能力真心不行？

從「嫌棄」父母不會享受生活，到自己變成同父母一樣的儲蓄派，我們經歷了消費主義的鼓噪，經歷了年少時期的輕狂，最後終於在生活的洗禮中清醒過來：原來生活除了遠方的AJ和LV，還有眼前的柴米油鹽。

二〇〇〇後出生的人成年了，宛如長江後浪來勢洶洶。相比之下，二十幾、三十歲的人們則默默端起了保溫杯，開始佛系養生。還不忘往保溫杯裡加幾顆枸杞，聊天話題也逐漸從旅遊、夜店變成了奶粉打折的消息。

從「女孩子一定要有這幾支ＹＳＬ」到「ＸＸ購物節不能錯過的衛生紙促銷」的轉變彷彿只用了一夜。本該最有活力的這一代年輕人，悄然之間捂住了自己的錢包。

有句話說得好：人到了一定歲數，就再也找不到躲雨的屋簷了，因為自己就是那個屋簷。

1. 人在江湖漂，哪能不挨刀。

離鄉背井到大城市上班，是一個苦澀的狀態。

尤其那些初來乍到的新人，他們除了要把將近一半的收入交給了房東和水電瓦斯電話費之外，進了職場還需要被老闆和客戶虐，雖然什麼也不會但也西裝革履的，假裝大人模樣。

高跟鞋、雪紡襯衫得準備幾套，粉底口紅和睫毛膏是必備品，熬夜多了保養品肯定得跟上，對了，還有包包肯定不能太差。週末和同事聚聚餐，偶爾奢侈一下吃個日式料理。

這麼一番折騰，年底回家前，才發現自己一分錢也沒存下來，而且還欠著幾千塊的信用卡分期。

想想上學那時候，每個月一萬塊的生活費，逛街看電影過得多愜意。如今拿了更多的薪資，卻窮得響叮噹。

繁華的都市用五光十色的豔麗生活讓我們留下，但是這些龐大的都市又彷彿是一個巨大的黑洞，不停地吞噬年輕人創造出來的價值，稍不注意就會被城市吃乾抹淨。

最後除了徒增的年齡，我們什麼也沒剩下。

無論網路上如何鼓吹「享受當下」的消費主義言論，終究還是要在險惡的社會面前，為自己保留一點退路。

2. 帳單，放慢一點你的腳步，等等貧窮的我們吧。

我大學時的室友大頭，幾年前畢業後就回老家了，當起了學校老師。然而老師的稱號雖然光榮，但是卻沒賺多少錢。工薪階層的父母，只能拿出大部分積蓄，勉強幫他湊了買房頭期款，房奴稱號get！

後來，他父親在即將退休的時候，倒在了工作崗位上，各種治療費用，不僅掏空了家裡所有的積蓄，還讓他家欠下了一筆不小的債務。

熱愛看球買球鞋的大頭，再也沒入手過新款的球鞋，連週末喝酒看球賽的習慣都戒了。

曾經十指不沾陽春水的少年，如今對菜市場的實惠果蔬瞭若指掌。房貸和債務以及養家的開支，如同饑腸轆轆的餓狼，對大頭的薪水虎視眈眈，各種扣繳資訊，緊隨著薪資入帳傳來簡訊，最後只留下幾個孤零零的餘額。

生活的磨難接踵而至，我們不得不開始從孩子變成一家之主，必須學會像一個大人一樣，為了防範未來的意外和疾病而未雨綢繆。我們只能從光鮮亮麗的生活中脫離，回到炊煙裊裊的俗世中，成為一個精打細算的實用主義者。

3. 當我們在囤衛生紙的時候，我們是在囤什麼？

上週和幾個老朋友聚了聚，女生們一反常態沒有聊哪個牌子出了新款的包包，而是津津有味地討論起了各種「省錢達人」分享的各種打折策略；而男生們似乎一夜之間，從科技產品發燒友，變成了居家小能手，認真地和兄弟們分享買房裝修時的省錢策略。

最後男生女生們在同一件事上達成了共識——購物節時一起囤一波衛生紙和洗衣精。

到處都在說消費升級、新中產階級，卻只見物價與GDP齊飛。左眼看看薪資條，右眼看看房貸和信用卡帳單，愁；再想想準備要生孩子了，更大的一筆開銷壓在心頭，愁；孩子大了該上學了還得買個學區房，更愁。

花錢如一江春水向東流，賺錢如滴水穿石涓涓細流。

我們把海底撈換成小火鍋，iPhone換成華為小米，省下原來的消費，換成銀行存摺上的數字，換成了在動盪的經濟面前，一點安身立命的保障。

看起來我們是在囤衛生紙，其實我們囤的是對未來的保障。

從「嫌棄」父母不會享受生活，到自己變成和父母一樣的儲蓄派，我們經歷了消費主義的鼓噪，經歷了年少時期的輕狂，最後終於在生活的洗禮中清醒過來：原來生活除了遠方的ＡＪ和ＬＶ，還有眼前的柴米油鹽。

◆

不得不說，長大真的挺沒意思的，連快樂都裹著一層苦。

尤其是面對這該死的生活，如果你抱著欺騙它的心態，它也會欺騙你；可當你清醒了想認真地生活了，卻發現它居然開始認真地欺騙你了。

一開始，你還假裝努力一下，久而久之，索性習以為常了。

與大多數人一樣，從心比天高的無知與快樂，到愧不如人的奮鬥與煎熬，再到毫無回報的憤懣與失望，最後在坦然自若的平凡和頹廢中走過這一生。

微文學43

別裝得無懈可擊，卻活得軟弱無力

作　　者——趙德昊
副 主 編——朱晏瑭
封面設計——李佳隆
內文設計——林曉涵
校　　對——朱晏瑭
行銷企劃——謝儀方

第五編輯部總監——梁芳春
董 事 長——趙政岷
出 版 者——時報文化出版企業股份有限公司
一〇八〇一九臺北市和平西路三段二四〇號七樓
發行專線——(〇二)二三〇六六八四二
讀者服務專線——〇八〇〇二三一七〇五
(〇二)二三〇四七一〇三
讀者服務傳真——(〇二)二三〇四六八五八
郵撥——一九三四四七二四　時報文化出版公司
信箱——一〇八九九臺北華江橋郵局第九九信箱

時報悅讀網——www.readingtimes.com.tw
電子郵件信箱——yoho@readingtimes.com.tw
法律顧問——理律法律事務所 陳長文律師、李念祖律師
印　　刷——勁達印刷有限公司
初版一刷——二〇二一年四月九日
定　　價——新臺幣三二〇元
（缺頁或破損的書，請寄回更換）

時報文化出版公司成立於 1975 年，並於 1999 年股票上櫃公開發行，
於 2008 年脫離中時集團非屬旺中，以「尊重智慧與創意的文化事業」為信念。

ISBN 978-957-13-8652-2
Printed in Taiwan

別裝得無懈可擊，卻活得軟弱無力/趙德昊作. -- 初版. -- 臺北市：時報文化出版企業股份有限公司, 2021.04
面；　公分

ISBN 978-957-13-8652-2(平裝)
1.自我實現 2.生活指導 3.成功法

177.2　　110001898